別冊淡海《おうみ》文庫22

サンライズ出版

水谷 孝信 著

本土決戦と滋賀

空襲・予科練・比叡山「桜花」基地

SUNRISE

はじめに

二〇一二年八月一二日、朝日新聞は終戦の日を前に「だまされる罪　向き合う」と題して、終戦直後の故伊丹万作《いたみまんさく》の「戦争責任者の問題」という文中の言葉を紹介した。

さて、多くの人が、今度の戦争でだまされていたという。

（略）日本人全体が夢中になって互にだましたりだまされたりしていたのだろうと思う。

（略）だまされるということもまた一つの罪であり、昔から決していばっていいこととは、されていないのである。

（略）「だまされていた」といって平気でいられる国民なら、おそらく今後も何度でもだまされるだろう。いや、現在でもすでに別のうそによってだまされ始めているにちがいないのである。

（ちくま学芸文庫『伊丹万作エッセイ集』から）

二〇一一年三月一一日の東日本大震災とそれに続く福島第一原子力発電所の事故と放射能汚染は、日本中にはかり知れない衝撃を与えた。それから一年五カ月、反原発の市民運動が盛り上がり、ヒロシマとフクシマの連帯を広島市長が八月六日の平和記念式典のメッセージにこめた二〇一二年の夏、一九四六年に亡くなった伊丹万作の遺言ともいえるこの言葉は再び重く私たちの心に響いた。

「だますものだけでは戦争は起こらない」「だまされるということも一つの罪」「すでに別のうそでだまされている」

伊丹の伝言は、「的中した予言」として安全神話を突く反原発、脱原発の運動を後押ししたわけである。

私はこれまで「だまされた」ため、そして「だまされている」ために生じた戦争の記録の不備を指摘してきた。あわせて戦争体験の風化と平和の失速にストップをかけるため、戦争の真実の地道な掘り起こしを訴えてきた。それは今まで国家の消極姿勢への対抗と考えていたのだが、真実の記録で偽りや誤謬を検証し「だまされない」意思表示をすることは、むしろ「だまされた」側の責任であるのかも知れないと思うようになった。

戦争責任とは対外的な加害責任だけを意味するのではなく、加害・被害をひっくるめた、むしろ加害・被害を超えた戦争遂行そのものの責任ということになるだろうか。戦没者遺族が戦死に何がしかの意味を求めるのとは別に、戦争にひたすら「正義」や「政策」の意味付けをする人々には理解できないだろうが、市民感情から言えば、戦争には「何一ついいことがなかった」のである。その害、被害と加害への加担の責任は「だます側」のみならず「だまされた側」にもあり、その内なる責任はまた必ず未来への責任へとつながっている。

「だまされても平気ではいられない」意思表示とは、そんな未来の平和への責任でもある。原発をめぐる国の国民に対する不誠実な態度は、実は戦争責任に対する国のあいまいな姿勢と確実につながっている。仮に国が対外的に謝罪の姿勢を見せたとしても、国民をだまし続けるかぎり、それは真の謝罪とはいえまい。であるならば「だまされた側」としても手綱を緩めるわけにはいかないのである。

さて、滋賀県の空襲は前著で書いたとおり、一九四五年の五月からという、沖縄戦のさなかのもはや敗戦必至という段階から始まった。県内が戦場であるという認識を滋賀県民が持つのは戦争末期、いわば本土決戦直前の時期、国民すべてが戦闘員という認識の段階である。そこでは戦争の矛盾がもっとも極端に現れた。被害が少ないといわれる滋賀県でさえも、実は「沖縄」になりかねない状況だったのである。

しかし国民は「必ず勝つ」と教え込まれ、戦争の真実は伝えられず、情報操作と機密主義、防諜対策のもとに置かれていた。さらにそこに伊丹万作が「戦争中の末端行政の現れ方や、新聞報道の愚劣さや、ラジオのばかばかしさや、さては町会、隣組、警防団、婦人会といったような民間の組織がいかに熱心にかつ自発的にだます側に協力していたか」と看破した状況があった。「本土決戦」の準備はそうした中で着々と進められ、それは滋賀県でも同じであった。

今回あらためて戦争体験者の体験文や証言を読み直してみると、これまで見落としていた敗戦直前の決戦体制の状況を示唆する部分が数多く記録されていることに気づかされた。いつ読んでも体験者の方々の文章は、その度に新しい情報を私たちに与えてくれる貴重な財産である。

今回はいま一度秘密のベールに包まれていた（ある意味「だまされていた」）、滋賀県にかかわる空襲や軍事作戦をとりあげ、本土決戦期の滋賀県の具体像に迫ることでその矛盾を明らかにし、沖縄の地上戦が滋賀県民にとって決して他人事ではなかったことを検証してみたい。

目次

第二章　ふたたび滋賀県の空襲を追って

第三章　特攻作戦と比叡山「桜花」秘密基地

第一章　本土決戦と滋賀

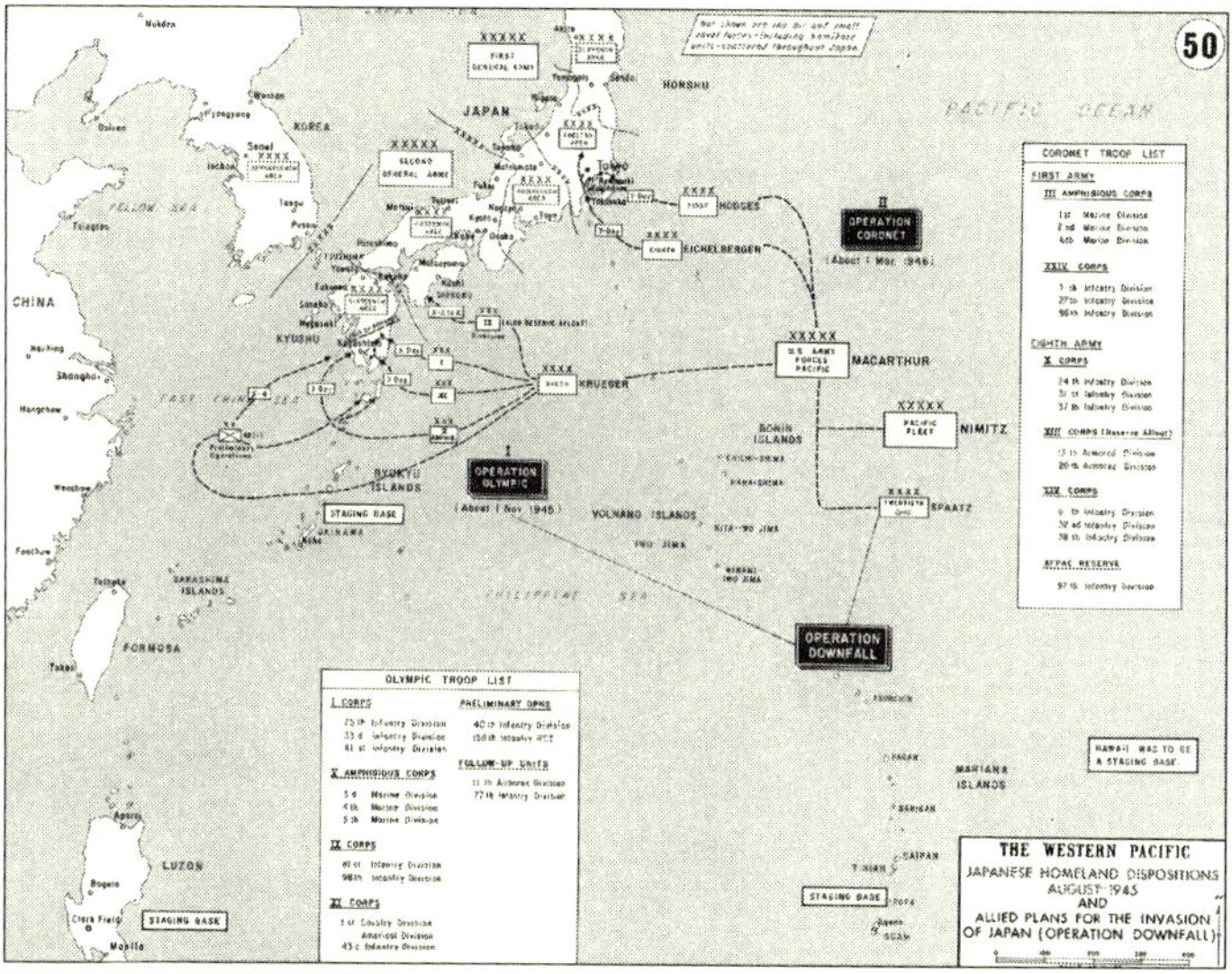

米軍の日本本土上陸作戦図
九州に上陸するオリンピック作戦と関東に侵攻するコロネット作戦が示されている。

本土決戦への道「帝國陸海軍作戦計画大綱」

本土決戦計画

一九四四年（昭和十九年）は日本の戦線が一気に崩壊した年とされる。とりわけマリアナ諸島をめぐって六月に行われた、真珠湾攻撃以来の「Z旗」を掲げた日本の聯合艦隊と米機動部隊とのマリアナ沖海戦は、日本側の大敗北に終わった。マリアナの制空権・制海権を失った日本は七月にサイパン島を失い「絶対国防圏」を崩壊させた。この時東条英機内閣が総辞職し、小磯国昭内閣に代わったのもその責任を負ってのことであった。このころビルマ方面軍のインド侵攻のインパール作戦も失敗、膨大な犠牲をともないながら中止を余儀なくされた。アジア太平洋戦争の勝敗は事実上、この段階で決定していたのである。

すでにこの一九四四年はその初頭から「非常時」「決戦」という言葉がたびたび国内で使われた。前年秋には学生の徴兵猶予撤廃と「学徒出陣」、女子挺身隊の動員も始まっていた。そして『教育ニ関スル戦時非常措置方策』によって四月からは中等学校の修業年限は四年に短縮、商業学校は工業学校か農学校に転換を強いられ、中等学校だけでなく彦根高等商業学校も工業専門学校に転換となった。商業・経済学は戦争遂行には役立たぬと判断されたのである。また『決戦非常措置要綱ニ基ク学徒動員実施要綱』によって通年の中等学校の学徒勤労動員が始まり、国民学校の学童疎開も春以降計画され、九月から集団疎開が始まっている。

それまでは日本に本土で地上戦を行う構想はなかった。主として米軍の本土空襲阻止を目的とした「本土防衛」作戦しか念頭になかったのである。しかしそれはサイパンの陥落のためもろくも崩れ去った。日本はサイパンに作られた基地から飛び立つB29の空襲にさらされることが必至となり、大本営は日本本土での地上戦を想定しなければならなくなったのである。

それ以前の島嶼敵上陸に対する水際防御戦法がサイパンで失敗したため、この期の本土決戦の構想は航空決戦と内部防御という考え方がとられた。できるかぎり航空攻撃で上陸前に敵に損害を与え、海岸から内陸主陣地にわたる縦に深い配備をとって敵上陸後、内陸部から決戦兵団が反撃に出て撃滅というシナリオだった。ただしこの四四年夏段階の方針でも航空作戦の方が主体で、上陸前にできうるかぎり航空攻撃で決定的打撃を与えようというものだった。七月二〇日、参謀総長は『本土沿岸築城実施要綱』を示し、米軍の上陸に備え、九十九里、鹿島灘、八戸に陣地構築を命じた。また、関東地区の決戦兵団の第三六軍が四四年七月に編成されたが、本土内陸部において陣地構築はほとんど進まず、それは秋以降フィリピンの攻防が本格化し、「国軍決戦実施の要域」がフィリピン方面とされたことでいっそう遅延・停滞した。

米軍侵攻に対し大本営はフィリピンを死守すべく捷《しょう》一号作戦を発動したが、逆にレイテ沖海戦で連合艦隊が壊滅する大敗を喫した。本土の防衛拠点構築を犠牲にまでして進めたフィリピン攻防戦の敗北が決定的になると日本の防衛圏はさらに縮小し、最終的な敵の本土侵攻も大本営は現実のものと考えなければならない状況となった。こうして一月二〇日、最高戦争指導会議によって『帝國陸海軍作戦計画大綱』が策定された。

そこでは、まず台湾もしくは沖縄がアメリカ軍の侵攻を受けることが予想されるため、その地での徹底抗戦で時間を稼いで敵の兵力を消耗させるとともに本土侵攻を遅延させ、その間に本土決戦の準備を整えるという作戦が考えられていた。

当時、私の義父は陸軍の中隊長だったのだが、四四年夏に「満州」から沖縄へ移動(七月二一日那覇港上陸)したものの、一二月の末に台湾に再び移動となり、台湾西北部で陣地構築、守備・防衛任務のまま一度も戦闘を交えることなく終戦を迎えている(義母は義父に先がけて「満州」牡《ぼ》丹江《たんこう》の穆棱《ムーリン》から滋賀県長浜の自宅に密かに帰っていた。嫁入り以来の帰宅で、しかも秘密の帰国だったため家族に知らせることができず、自宅の場所がわからずに困ったという)。この動きは義父のいた歩兵第十九連隊が属していた第九師団が「満州」から敵のフィリピン・南西諸島侵攻に備えて沖縄に移ったものの、レイテ決戦に、駐留するはずの部隊(第十師団)をつぎ込まれた台湾の防備が手薄になったため、沖縄の第三二軍から引き抜かれて台湾に再び移駐したためのものだった。もしも沖縄に残っていたら第九師団の兵士の命はなかった（『敦賀連隊史』によれば、七月の第九師団の南方への移動は当初サイパン投入の作戦が予定されていたようで、アメリカ軍の侵攻が遅れていたら、すでに四四年夏段階で第九師団はサイパン島で全滅していたかもしれない）。

台湾にも敵の侵攻の可能性があったとはいえ、沖縄から兵力の三分の一近くの精鋭部隊を引きぬき補充もしないという作戦は「沖縄の切り捨て」と言われても仕方がない。結果的にそのまま沖縄は沖縄戦に突入せざるを得ず、滋賀県の郷土部隊の一つといわれる第六二師団を含む第三二軍は大本営に不信を持ったまま作戦を進めたという。兵力不足の中で沖縄よりも本土決戦が意識されだしたゆえの作戦行動だろう。この時、時間稼ぎのための沖縄・台湾に新しい兵力をつぎ込んで守り抜こうという意識は大本営にはもはやなかった。しかし結果的に義父はこのために命拾いをしたわけである。

内陸防御作戦から水際防御作戦へ

四五年はフィリピン攻防の敗北・米軍のルソン島上陸で始まり『帝國陸海軍作戦計画大綱』によって、沖縄戦で時間を稼ぎつつ本土の作戦準備態勢が整備されていくことになった。

陸軍は指揮系統を一新し、本土決戦下の命令・指揮系統を明確化するため方面軍と軍管区による新しい配備編成に改めた。北海道・樺太・千島方面と朝鮮方面、沖縄南西諸島方面の三方面のほか、東北から九州までは五つの軍管区とそれぞれの方面軍に分けられ、各方面軍に司令部が設けられて迎撃・防衛にあたることとした。方面軍司令部は軍管区司令部も兼ね、地域行政の区域との一致もはかられたから方面軍の作戦区域と軍管区司令部の防衛を含む軍管区業務の管轄区域が整合した。各方面が統一指揮のもとで作戦を進められる体制を作ったのである。

それまでは軍の作戦といえばもっぱら外地の作戦のことを意味したのだが、もはや銃後であったはずの内地がその展開の中心になりつつあった。基地建設、陣地構築、防御、偵察、そしてやがて敵への攻撃・戦闘がその内地の作戦に加わるはずであった。それは戦争が住民を巻き込んで、住民を戦闘員とすることも含んで展開するということを意味していた。この本土での大規模な地上戦を想定した、陸軍を主とする作戦計画は「決号作戦」と呼ばれた。

一方海軍は陸軍とほぼ同じ時期に、南東方面艦隊と南西方面艦隊を除いた全海軍を統一して海軍総隊として指揮することとなった。また陸軍の「決号作戦」に先んじて、海軍は敵の侵攻に対し「天号作戦」を発動、「天一号作戦」によって〝大和〟の水上特攻を含む沖縄方面の作戦が展開したが、ほぼ同時に海軍の航空艦隊は敵機動部隊への航空特攻の「菊水《きくすい》作戦」を発動、陸軍もこれに連動する「航空総攻撃」を発令、四月から六月にかけて十次にわたる作戦によって海軍で二〇〇〇人、陸軍で一〇〇〇人を超える航空機搭乗員が海に消えた。

しかしそれでも敵の沖縄侵攻を防ぐことはできず、沖縄戦前からすでに連合艦隊はほぼ壊滅状態であったから、本土決戦において残る海軍の戦力は特殊潜航艇などの特攻兵器のみであり、上陸前に敵を撃滅するのではなく、陸上戦となった場合の連合国軍の戦力を事前に減殺させることが目的となった。上陸作戦の敵機動部隊と上陸船団に対して、あらゆる航空特攻、水中特攻と水上特攻、砲撃の総攻撃で打撃を与え、残る敵船団が上陸すると、沿岸の攻撃陣地から義勇隊を含む日本軍が逆襲して混戦に持ち込み時間を稼ぎ、さらに内陸主陣地から決戦師団を投入して敵を殲滅するという作戦であった。ここでは海岸防御兵団と内陸決戦兵団は分けて考えられていた。

しかし陸軍を中心とするこの決戦作戦も、沖縄戦後は敵の攻勢、空襲の激化に対し、沿岸防御部隊がその錬度、戦闘能力から長時間持ちこたえられないこと、また内陸部の決戦兵団砲兵の移動しながらの攻撃も困難なことが予想されたため、そのままでの作戦遂行は不可能と判断された。そして海岸から内陸にわたる縦深な陣地配備を捨て、決戦兵団も敵上陸までに沿岸部に移動し、敵上陸時にただちに上陸部隊に決戦をいどむという水際作戦的な考えに大きく変わっていった。

前年夏以降進められていた陸軍の内陸部の五つの地下司令部建設も、すでに四五年はじめから航空機製作の地下工場転用に大きく方向転換していた。内陸部に構築した地下壕陣地を捨てて、七月になって沿岸部に再び陣地構築にあたらねばならない部隊も出た。艦砲射撃の射程外の栃木県にあった内陸の関東地区決戦兵団第三六軍も、この水際作戦のため四五年六月埼玉県の浦和に移動し、さらに八月三日に示された「決三号作戦」では沿岸部への移動が命じられている。

乏しい戦力では、地の利を生かして敵上陸の直前、直後の攻撃が最も効果的と考えられ、決戦兵団が内陸から移動するまでに敵が橋頭堡《きょうとうほ》を築き、攻撃態勢が整うと一気に形勢不利になるためであった。また上陸地点での混戦は敵の砲撃や空襲を不可能にするという利点もあった。しかしながらこれはサイパンで失敗したはずの水際防御作戦への回帰であり、多分に精神主義的な「玉砕」戦法でしかない。「内陸戦を避けるのは住民を守るため」という説もあるが、「軍民一体」の決戦をうたっている以上、言い訳的な説明にすぎない。むしろ内陸部での戦闘は一切考えず、何が何でも沿岸で攻撃を繰り返して、敵上陸部隊をくぎ付けにせよという方針で、沖縄戦のような後方での持久戦は念頭に置くなという指示であった。大本営を通じて沿岸住民の避難についての指示もあったようだが、戦場が予想される九州・関東での避難民輸送や食糧確保の計画も目途がたたず、事実上頓挫《とんざ》していた。

すでに四月の『国土決戦教令』から「決戦間、負傷者は後送せざるを旨とす」「戦友の看護付添いは之を認めず」として、この水際決戦の方針はうたわれていたが、六月二〇日の参謀長通達『本土決戦根本本義ノ徹底ニ関スル件』ではより明確にこの決戦攻勢論が強調され、「犠牲の如何を顧慮することなく」徹頭徹尾、水際決戦の攻撃に邁進し、後退配備はとらず絶対に「守りに入らない」ものとされた。また「敵は住民、婦女、老幼を先頭にして前進し、我が戦意の消耗を図ることあるべし。斯くある場合、我が同胞は己が生命の長さを希さんよりは皇国の戦捷を祈念しあることを信じ、敵兵撃滅に躊躇すべからず」とあった。負傷兵や避難民を顧慮することは許されない非情の作戦だったのである。この時、東京湾守備兵団が東京湾兵団に編成替えされて本土決戦に備えたが、「守備」の文字が見事に抜かれている。本土決戦とは極論すれば防衛ではなく、形勢に関係なく「攻撃あるのみ」の「一億玉砕」「総特攻」作戦にほかならなかったのである。

日本軍は戦況から、アメリカ軍の本土上陸を四五年秋と予測し、九州と関東太平洋岸のどちらかを上陸地点と予想していた。アメリカ軍の実際の日本本土侵攻計画の「ダウンフォール作戦」においても、九州上陸作戦の「オリンピック作戦」は四五年一一月の予定であったから、ほぼ日本側の読みどおりであった。

アメリカ軍はあのノルマンディー上陸作戦を上回る空前の兵力で九州南部に上陸する計画であった。そして九州占領後、航空基地を確保・建設して航空兵力と機動部隊、上陸船団をもって関東に侵攻する「コロネット作戦」の発動時期を四六年三月としていた。

決戦態勢として陸軍の本土の五つの方面軍が、鈴鹿山脈を境に東の第一総軍と西の第二総軍に分けられ、それぞれ司令部が置かれたのも敵の上陸作戦への対応であり、ひとつの方面軍が崩壊状態になっても総軍司令部が対処し、作戦を進められるようになっていた（敵の九州上陸に備えた第二総軍司令部が広島に置かれたため、本土決戦前に原子爆弾で最初に壊滅したのは何とも皮肉な結果であったが）。

四五年二月以降、日本は南九州と関東の太平洋沿岸を中心に防御と迎撃の態勢を準備・構築するとともに全国に本土決戦の準備を開始し、沖縄戦が始まるとその動きは一気に加速した。

しかしながら極端な物資不足と戦闘員不足の中での決戦計画は自爆兵器と玉砕戦法による無謀かつ絶望的なものであり、実はその見込みがないことは戦争指導者たちも予想がついたはずである。敵の空襲はますます激化し、各地に地下壕、地下工場が建設され、少年少女たちが粗悪な松根油《しょうこんゆ》や木製飛行機を含めて燃料や兵器、食料を生産し、少年兵や高齢の応召兵が沿岸部に蛸壺《たこつぼ》を掘り、竹やりや爆弾を抱えて敵に突っ込む無意味な訓練を繰り返していても、指導者たちが終戦を決断しないかぎり、この決戦計画の準備は後退することなく進められ、その被害や犠牲は増える一方だったのである。

滋賀県における本土決戦の迎撃準備

国民義勇隊

四四年の本土の兵員は総兵力の一割程度に過ぎず、本土決戦には絶対的に不足していた。そのため、大陸や樺太方面から部隊の転用とともに「根こそぎ動員」の大量召集が四五年二月末から始まっている。この「根こそぎ」の臨時動員は当然のことながら、さまざまな矛盾を含んでいた。陸軍では本土防衛のため新たに一五〇万人が動員され部隊編成を実施したが、兵力・装備が不足しても編成完結とみなしたため、前代未聞の中途半端な人員と装備のままの編成にならざるを得なかった（ほかに既存部隊のそれまでの損害補充にも五〇万人が必要だった）。高齢者や病弱な人も動員されたし、銃後の生産現場や教育機関から徴用工も教員も無理に動員が図られたから、労働力も指導者も極端に不足し、食糧生産、兵器生産ともに滞ることになった。こうした「ワラジと竹水筒とゴボー剣」（『新大津市史　上』一九六二年）の新兵が急増したため、各地の小学校が兵舎にあてられることが一般化し、県内でも多くの学舎が兵舎となった。

　この時期「まさかこんな歳まで赤紙が来るとは思わなかった」「軍需工場で召集されないといわれて就職したのに赤紙が来て驚いた」という体験者の証言は少なくない。滋賀県の陸軍の召集人員数は一九三七年が四二三〇人、四一年が五六七〇人で、四四年まではほぼ年間五〇〇〇～六〇〇〇人だったのに対し、終戦の四五年だけは八月までなのに一万三五〇〇人と倍増している（吉田敏浩『赤紙と徴兵』彩流社　二〇一一年）。伊香《いか》郡（現長浜市）の馬上《まけ》

1945年３月から兵舎となった上田上小学校講堂

村では四三年応召が二三人(うち一五人戦死)、四四年が応召二二人(うち五人戦死)に対して四五年は三五人に応召が大きく増えている(陸士在学二人を含む)。ただ外地に派遣された兵は極めて少なく、ほとんどが内地の決戦配備だったためか戦死者は一人のみであった(栗原基『馬上村の明治大正昭和　応召復員戦死の記録』一九九六年)。また予科練や少年飛行兵学校なども航空機を損耗していたにもかかわらず少年の志願による募集を増やしていたし、陸軍は下士官不足から短期養成の「特別幹部候補生」(特幹)の採用まで始めていた。

国内配備の憲兵の数も事実上三倍に増強され、さらに朝鮮からの徴兵においても四五年四月以降五万人の大動員がかけられ、前年召集されなかった徴兵検査の甲種合格と乙種合格の第一補充兵が徴兵された。燃料用甘藷《かんしょ》栽培の農耕勤務隊一万四五〇〇、食糧生産の自活隊一万、野戦勤務隊一万八〇〇〇、地下施設隊二〇〇〇、その他特設作業隊、臨時勤務隊などが全国に配備された(塚崎昌之「一九四五年四月以降の日本への朝鮮人強制連行—朝鮮人『兵士』の果たした役割」『戦争責任研究』五五　二〇〇七年)。彼らは本土決戦要員であり、かつ不足する農業や建設の労働力でもあった。軍隊用語での指揮のない農業や建設現場では日本語が必ずしも必要ではなく、「兵士」の召集でありながらその実「単純労働力」としての強制連行も同然だったのである。滋賀県でもこうした朝鮮人兵士の配備がいくつか確認されている。

小磯内閣はアメリカ軍の沖縄上陸直前の三月二三日、本土決戦のための正規軍以外の国民戦闘組織の創設を意味する『国民義勇隊ノ組織運用ニ関スル件』を閣議決定し、翌日にはその中間組織とも言うべき地区特設警備隊の編成も発令された。地区特設警備隊とは地区ごとの軍民一体の戦闘態勢の構築を目的とし、現役を退いた予備役（在郷軍人など）と国民兵役（予備後備役終了者や徴兵検査の丙種合格など）で人員を確保して作られた部隊である。

国民戦闘組織の義勇戦闘隊と正規軍の間をつなぎ、全国民を戦闘員とする戦闘態勢を整え、本土作戦をすみやかに進行させる役割を担った地区特設警備隊であったが、その一角を務める第二国民兵役の丙種合格とは現役の兵役に適さず、身体上の問題の多い者を指していた。

しかしこの丙種合格も日米開戦直前、その「健康程度」を調査され、「野戦勤務に耐えられる者」「内地勤務に耐えられる者」「いずれにも服せない者」という分類が始まり、その召集も始まっていたから、少なくともこの終戦直前段階での警備隊対象者の第二国民兵役の人間とはその残りしかいなかったわけで、まず戦闘員としてまともな組織編成とは言いがたい。そしてさらにその現役に適さない人間が指揮・指導しなければならない国民義勇戦闘隊の対象は、考えてみれば事実上戦闘員とはほど遠い高齢者と女性しか残っていなかったのである。

伊香郡馬上村では五月二八日に義勇隊名簿が提出されているが、約五〇〇名の村民のうち男子六五歳以下、女子五五歳以下の義勇隊員は男子九七名に対し、女子一六二名の合計二五九名であった。しかも六月八日に提出された男子六〇歳、女子四〇歳までの義勇戦闘隊員明細書で「戦斗行動に堪え得る者」とされたのはそのうち男子四二名、女子八五名で義勇隊員の半数にしか過ぎなかったし、その下にランクされた「軽易な作業をなし得る者」五五人も実にその九割以上が女性であった（『馬上村の明治大正昭和　応召復員戦死の記録』）。

本土の地上戦で戦闘状態になった時、地区特設警備隊の下士官以下には小銃（ただし町工場製の「國民簡易小銃」）が支給されることになっていたが、弾は一人当たり三〇発と定められていたという。いったいたった三〇発の弾で闘わねばならない決戦に勝機はあるのか、その下士官の指揮下の義勇隊は竹槍か徒手空拳で自分を守り、正規軍に協力しなければならないのである。そこには「勝機」も「正気」もなかったと言わざるを得ない。

国民義勇隊の組織は各県では五月に編成が進んだ。あくまで自発的な組織であるから、表向き国が命じてはいない。しかし各地では職場ごと、地域ごとにほとんど官製組織的に義勇隊が編成され、従来からの軍需物資生産や食料増産にあたり、防衛工事なども担当した。滋賀県でも県本部の結成は五月二八日だが、市町村、学区、町内会単位と職域単位の義勇隊はそれよりも早く結成が進んでいた。彦根市では町内会の小隊や学区単位の中隊を含めて二〇日に結成され、県下のさきがけとされている。

五月二七日には神崎《かんざき》郡北五個荘《きたごかしょう》村（現東近江市）でも義勇隊が結成された。北五個荘村の『沿革』には次のように書かれている。

本土決戦準備ニ北五個荘村国民義勇隊ヲ結成ス、年齢男女十五歳以上男子六十歳女子八五十五歳トセリ、愈々敵機ノ来襲熾烈トナル、防空態勢ヲ強化拡充ス、又軍部ノ要求ニヨリ農村労力不足ノ時ナルモ陸海軍航空基地整備ニ連日多数出動ス、尚ニ国其他在郷軍人ノ召集頻繁兵事業務激シ（『五個荘町史　第二巻』一九九四年）

農業の人手が決定的に不足する中で「一億総動員」体制の本土決戦準備が進められていたことが正直に語られている。国民は戦時国債購入や金属供出、種々の献納を強いられ、物資不足と食糧不足が深刻化する中で徴用に加えて報国隊や挺身隊の組織化と勤労動員強化に苦しめられていたのだが、国はそこに更なる戦時動員を求めたわけである。こうして全国で二八〇〇万人の戦闘員が誕生したが、『新大津市史　上』はこれを「一億総自殺へのラッパ」と評している。情報操作の中、戦争への協力に自己の存在意義を見出そうとしていた多くの市民の行きついた先がそこであった。

この時中等学校の学徒は義勇隊とは別に学徒隊を組織することになっていたようで、滋賀県では六月一八日に学徒隊結成の知事告諭が出ている。

伊香郡にあった木之本高等女学校四年生の日記には六月二三日に「学徒隊編成」、二五日「学徒隊結成式」とある。日記には「私達も一朝事の有る時は御国の為に一身を捧げようとちかった」とも書いてあり、結成式での校長先生の話に出た宮城《きゅうじょう》への空襲に彼女たちは戦闘機の製造での復讐を誓っている（拙著『滋賀県学徒勤労動員の記録』ウィンかもがわ二〇〇五年）。

この学徒隊編成は六月二三日公布の『義勇兵役法』『国民義勇戦闘隊統率令』とも関係が深く、男子一五歳から六〇歳、女子一七歳から四〇歳に兵役を命じて動員するこの「一億総戦闘配置」の法令によって、五月段階での自主編成の義勇隊に対し公式に戦闘を命じるシステムが作られたが、学徒隊もこの戦闘命令の対象としての組織化と考えられる。当時の新聞でも学徒隊は義勇隊とは性格が異なるとしながらも「義勇隊の要請に基づき、学徒義勇隊または学徒戦闘隊に移行するもの」としている。六月二一日には学徒に対する「白兵戦技」習熟の指導の通達が滋賀県から各学校に出ていた。少年少女も戦闘命令の対象になりつつあったのである。

滋賀県の高等女学校では前年春にはもう看護実習が実施され、長浜高女は毎週火曜日と金曜日の午後は看護学の講義だった。また手術の立会いで気絶する生徒が出たというから、その時点でかなり本格的な医療補助と看護の訓練が行われたようである。したがって四五年六月の本土での女子学徒隊編成は、沖縄の「ひめゆり」「白梅」などの学徒隊の悲劇に通じていた。滋賀県の学徒隊編成の二三日が、後に「沖縄慰霊の日」となる牛島中将の自決と沖縄戦の日本軍の組織的抵抗が終わったまさにその日であったことは不思議な符合と言えた。本土決戦での女子学徒隊編成の一つの目的は、内地の地上戦での看護・救護任務にあったのである。

しかし実際に滋賀県下の学徒隊や国民義勇隊が担った任務は、ほとんど従来からの干拓や生産活動に防御工事を加えるにとどまり、特別なものは県が義勇隊に動員をかけた大津市、彦根市、長浜市と伊香、東浅井、坂田郡の隊による敦賀港での荷揚げ作業と「軍重要作業」への派遣があった。またほかには建物疎開や米原駅の貨物運搬、重要物資疎開作業が知られる程度である。ただもしも本土決戦の地上戦となっていたら、おそらく過酷な任務が県民に課されたであろう。『義勇兵役法』に基づき八月には義勇隊の中核は「義勇戦闘隊」に移行することになっていた。志願の義勇隊といいながら兵役そのものと戦闘命令は絶対であり、拒否はもちろん軍法会議と処罰の対象であった。

工場疎開

空襲が激化する戦争末期、建物疎開や物資疎開をはじめ、工場疎開、防空壕構築なども本土決戦前の作戦として滋賀県下で展開した。

東京の品川にあったコンデンサー製造の二井《ふたい》製作所が草津の疎開工場に移ってきたのが四三年のことで、翌四四年には彦根元町の煙草専売局工場に大蔵省印刷廠《しょう》の工場が空襲の被害を避けて移転してきた。専売局は販売部門のみ残して高槻市に移転、従業員の多くはそのまま印刷廠に引き継がれた。これが戦後東沼波町《ひがしのなみ》に移転し、現在の国立印刷局彦根工場となっている。この年にはほかにも大阪の旭計器工業が軍の命令で甲賀郡石部町《いしべ》の公会堂に疎開、また海軍管理工場だったやはり大阪の東亜バルブが同郡水口に疎開工場を建設している。

四五年には二月に空襲を受けた名古屋の東進重工業が彦根市東沼波町に疎開してきた。本来はミシン部品工場だったが、戦時中海軍監督工場で信管製造の軍需工場になっていた。工場は完成しないまま終戦となったが、戦後ミシンの製造工場に戻って「千代田ミシン」として全国各地に販売店を持つまでに成長した（『新修彦根市史　近代』二〇〇九年）。また水口中学には海軍系工場が疎開してきて、学徒が産業戦士（従業員）とともに潜水艦探知用の音響測深器を製作したという。精密機械鍛造の江州鍛造工業所《ごうしゅうたんぞう》も四五年に大阪から石部へ疎開した企業で、ほかに磁石メーカーの二六製作所《にろく》関西工場が兵庫県から大津市に移転疎開してきている。さらに『南船木史』（一九九九年）もプロペラ製作の利昌木材《りしょう》の工場二棟の高島郡本庄村（現高島市）南船木への疎開を記述している。

大津市の旧逢坂山《おうさかやま》トンネルに京都から三菱重工業の工場疎開が行われたのが四五年五月のことだった。春から名古屋の空襲が激化したため三菱発動機製作所が京都に疎開したが、京都太秦《うずまさ》の工場も空襲に遭い、両工場（秘匿名神武第八製作所と第十四製作所）の分散工場がこのトンネル内に移されたのである。

この疎開はすでに三月中に計画されていたようで、工場へのギアの旋盤機械の搬入は三月一六日から始まり、四月中には第八製作所の二八六台、第一四製作所の二五台のすえつけが完了していた。京都府立女子専門学校と同志社女子専門学校の動員学徒が移って来たのが五月一九日。二カ月半ほどがフル操業で、三六種類のギアの加工作業が行われた。従業員は半数以上が学徒で総数が七〇〇名、トンネル内は裸電球の下、滴り落ちる水と湿気のため、すのこの上での旋盤作業だったという。当然学徒の健康被害と機械道具類のサビという問題が発生していた（大津市歴史博物館編『戦争と市民』二〇〇九年　兵庫県朝鮮関係研究会編『地下工場と朝鮮人強制連行』明石書店　一九九〇年）。

旧逢坂山トンネル

この疎開工場は戦後のアメリカ軍の報告書では「ＯＴＡＮＩ」工場として全国のほかの地下工場と同列に扱われている。都市部の軍需工場の疎開地下工場は、早いものは四四年から建設が始まっていたが、四五年一月に軍需相は衆議院で重要軍需工場の地下工場への疎開を表明し、運輸通信省は地下建設本部を正式に設置、二月には『工場緊急疎開要綱』が議会で採択されて地下工場建設は本格化し、終戦時には相当な数にのぼっていた。これも、本土決戦体制の一つの表れだろう。

工場緊急疎開要綱　　　昭和二〇年二月二三日　閣議決定

第一　方針

戦局ノ状勢ニ鑑ミ一時ノ不利ハ之ヲ忍ビ計画的、系統的ニ工場疎開ヲ徹底実施スルモノトシ効果的ニ分散、地下移設等ノ方法ヲ講ズルト共ニ緊要工場ノ地域的総合自立ヲ図リ軍需生産ノ長期確保強化ヲ期スルモノトス。

第二　要領

一、工場疎開ハ概ネ左ノモノヲ中心トシ重点主義ニ依リ之ヲ実施スルモノトス

イ、航空機及同部品工場

ロ、兵器及同部品工場

ハ、重要機械工場

ニ、右関係重要原材料工場

二、工場疎開ハ企業再整備ト一体的ニ実施スルト共ニ軍作業庁及軍管理工場ニ之ヲ計画ス
三、工場疎開ハ航空機工場、兵器工場等ノ系列ニ従ヒテ実施スルコトトシ此等計画相互ノ間ニ調和ヲ図ルト共ニ協力工場ノ所属系列ヲ調整ス
四、疎開先ノ選定ニ当リテハ防空、防衛上ノ条件ヲ重視スルト共ニ各地方毎ニ関係工業ガ均整ヲ保持総合自立シ得ルガ如ク計画ス
尚此ノ場合疎開後ノ生産及輸送上ノ条件ヲ勘案スル外要スレバ之等条件ノ調整充足ヲ図ル
五、特ニ緊急ナル施設ハ厳選シテ地下ニ移設スルコトトシ既存ノ隧道等ヲ利用スルノ外能フ限リ隧道等ヲ建設ス
右ノ外能フ限リ分散ニ依ル防空上ノ安全ヲ図リ既存ノ堅牢建築物ノ徹底利用ヲ期ス
六、本件実施ニ関連シ軍官民建設力ノ総合的動員ヲ図ルト共ニ既発注土建工事ハ原則トシテ暫ク之ヲ停止ス
七、本件実施ニ付テハ凡ユル輸送力ヲ総動員スルト共ニ爾余ノ輸送ハ暫ク之ヲ強力ニ規制ス
八、本件実施上必要ナル労務ハ各地方ニ於テ労務ノ機動的運用ヲ活発ニ行ヒ又官民ノ組織的挺身出労ヲ強力ニ指導シテ之ヲ充足ス
九、所要資材ニ付テハ最優先的ニ之ガ確保ヲ図ルモ速急実施ノ為極力所在ノモノヲ融通活用ス
一〇、前各号ニ関連シ軍ノ強力ナル支援ヲ期待ス

（以下　略）

滋賀県では地下工場の建設の例は少ないが、三井精機瀬田工場は住民を動員して疎開作業を進めたようで、大津市の酒井とし江さんは「今の滋賀医大の近くに、機械を隠す防空壕を掘りに行ってたんです。そこで終戦を聞きましたわ」と証言されている（『記憶の湖　三』滋賀県総務部総務課　一九九八年）。

海軍管理工場であった彦根の某バルブ工場は四五年春から航空機エンジンの部品加工を始めたが、七月に半地下防空壕工場への疎開が計画され、作業が進んで工場の機械を外へ運び出した時に終戦になったという（『戦中・戦後の思い出』西今福寿会　二〇〇九年）。

ほかにも近江航空長浜工場が六月から名古屋三菱航空機製作所の疎開工場になったのが同じ動きであるし、逢坂山では既存のトンネルが疎開工場に転用・流用されたわけであるが、四五年七月末には長浜市の観音坂トンネルと彦根市の佐和山トンネルも近江航空の疎開工場として利用されることになり、部品製作の機械が運び込まれていた。

観音坂は名古屋三菱から派遣されていた工員の近江航空に対する反発による機械の移動という側面もあり（拙著『滋賀県学徒勤労動員の記録』）、佐和山の方は終戦の日に敗戦を知った近江実修工業学校の学徒が泣きながらトンネルから市内へ下りたというエピソードが残されている（『近江高等学校創立50周年記念誌』一九八八年）。また長浜市鳥羽上《とばかみ》の横山トンネルも閉鎖されたが、こちらは高射砲用の弾薬が貯蔵されていたと伝わっている。ほかにも県内各地でトンネルの軍事転用があったかもしれない。

彦根や長浜の場合は使用されなくなっていた逢坂山と違って、通行のためのトンネル閉鎖と転用であり、地域住民の通行や遠距離輸送の便の犠牲の上に成り立っていた。本土決戦を前にこうした軍需生産が当時の最優先の作戦であったための非常措置であった。

市役所の疎開

本土決戦の地下トンネルとして最も有名なものが「松代大本営」で、政府機関や大本営、皇居を長野の松代《まつしろ》町（現長野市）の地下壕に移すという壮大な計画で、四四年一一月には最初の発破《はっぱ》（ダイナマイトによる岩石の爆破）が行われ、終戦時には七五％が完成していた。一方、海軍の連合艦隊司令部も本来旗艦である戦艦に置かれてきたが、敵の攻撃で司令部が壊滅する危険を避けるためついに陸上に上がることとなり、四四年九月この「陸に上がった艦隊司令部」はすでに三月から海軍に貸与されていた慶応義塾の日吉キャンパスに入った。日吉台にはそれまでに大規模な海軍の退避壕が作られていたが、九月以降さらに総延長六キロに及ぶ司令部地下壕が建設されていった。

東京では四三年九月段階で官庁の地方疎開が閣議決定され、その年の暮れに都庁の文書疎開がはじまったものの、その時点では都心から新宿や渋谷への疎開という見通しの甘いもので、一年後には南多摩に再疎開せざるを得なかった。そのころにはもう各官庁も本腰で地方疎開を考えざるを得ず、四五年二月一〇日に群馬県の高崎市が空襲を受けるのだが、それまでに高崎には東京から鉄道関係をはじめ、多くの官庁が市内の公会堂、図書館、商工会議所などに疎開してきていたという(総務省「一般戦災ホームページ」)。

県内では地下壕ではないものの役所の機能が分散疎開されたケースはいくつかあり、四五年七月上旬、大津市役所では戸籍課が別所の円満院へ、税務課は松本の平野神社社務所に移った(『新修大津市史　近代』一九八二年)ほか、彦根市役所では七月一日に税務・戸籍・兵事・教学の各課が旭森国民学校講堂に疎開、八月一日には産業課がやはり旭森国民学校に、残りの全部の課と国民義勇隊事務局を金亀《こんき》青年学校に移し、本庁はまったくの無人となった。ほかの彦根市官公庁も市内の学校や集会所・寺院などに書類を疎開させた(『新修彦根市史　近代』)。長浜市は六月二三日に八幡東の市立延寿院(老人施設)に兵事戸籍・財務・税務・教学・厚生の各課が疎開、七月一五日に農業会本部(元六荘《ろくしょう》村役場)に土木課・産業課が移った(『長浜市二十五年史』一九六七年)。

いずれも戸籍・兵事の係が最初に疎開している所が「軍事作戦」を思わせる。八月一日段階で市役所がすべて引き払うなど、大津市より彦根市の方が疎開が急進的なのは、おそらく七月末に繰り返された彦根の艦載機空襲の被害の大きさが影響しているからだろう。

攻撃作戦としての建物疎開

空襲火災に備えてあらかじめ家屋を破壊する建物疎開も七月には大津市（五日、一〇日告示）と彦根市（八日告示）、長浜市（一〇日告示）、米原町（一三日告示）、そして草津、八日市（一八日告示）で重要施設の周囲に第一次の作業が実施された。ただし当初の八九〇〇戸の疎開計画が実情により七六〇戸に縮小されたようだ（県政史料室資料）。一次の作業（緊急防衛対策要綱分）に関しては準備段階で終わっているが、彦根市だけが第三次が計画され、住民が独自に作業を開始するという場面も見られた。これも空襲の被害が、彦根市が大きかったからなのかもしれない。

この建物疎開を、火災から避難し生命を守るための措置と勘違いしている戦後生まれの人は多い。重要施設が空襲で狙われるから、その火が周りに広がるのを防ぐためと考えてしまうようだが、本当はまったく逆である。つまり周りの火が重要施設に燃え移らないようにするための建物疎開であり、守る対象は住民の生命ではなく、重要施設の機能の方であった。

本土決戦を迎え、その軍事作戦の進行が妨げられることがないように重要施設を保護したわけで、究極の目的は米軍を倒すことにあり、その意味で攻撃作戦の一部と考えた方が当たっている。そもそも「疎開」という言葉が、兵士を分散、散開させることで敵の攻撃の効果を低下させる軍事用語であり、味方の攻撃を支える作戦に他ならず、学童疎開、工場疎開もまた同じ意味を持っていた。

『新修大津市史　近代』は七月の第一次建物疎開の状況と、八月の第二次の建物疎開予定四三四世帯、一六九二人が終戦で疎開を免れたことを書いている。大津市の一次疎開時の「防空」重要施設は県庁、郵便局、大津日赤（海軍病院）、市役所、銀行、大津駅、大津警察署、電話中継所、電話交換局、晴嵐《せいらん》製作所（東レ工場）で、市民生活ではなく軍事上の機能が優先されていることが明白である。『彦根市史　下冊』（一九六四年）も七月の警察署付近や専売局（大蔵省印刷廠工場）、電話局、近江航空西馬場《にしばんば》工場、滋賀銀行彦根支店周辺の第一次建物疎開の実施と八月の第二次、第三次の建物疎開の終戦による中止を書き、『長浜市史　四』（二〇〇〇年）は同じく七月の第一次建物疎開と八月の第二次建物疎開準備段階での終戦を記述している。長浜市の第一次建物疎開も郵便局電話分室の四方五〇メートルだったが、これも「軍事用」の電話使用が考えられてのことだろう。米原町は米原駅前、また八日市では郵便局や公会堂の周囲の建物疎開が実施された（『記憶の湖　六』二〇〇〇年）。

彦根では現在の彦根市役所付近にあった専売局（印刷廠工場）に隣接した純正寺《じゅんしょうじ》が第一次の疎開で解体され、ご住職一家はご本尊を檀家に預けて門徒、親族をたよって転居されたが、再建のための資材は作業の際に持ち去られ、現在の佐和町での再建に相当苦労されたという（「やなせななブログ」）。大津市でも大津日赤（当時横須賀海軍病院大津赤十字病院）に隣接する本願寺近松別院が隣接の光源寺とともに七月五日に疎開命令を受けて壊され、真宗本願寺派滋賀教区ではこの日を「教区平和の日」としている。こうした寺院も隠れた本土決戦体制の被害者とも言えよう。また八月一五日には彦根の第三次疎開の瓦を下ろす作業が、解体資材の保管への不安から自主的に住民の手で始まっていたが、いつの間にかどの家もどの家も逆に瓦を屋根に戻していく作業に変わっていたという目撃体験がある。こちらは敗戦によってぎりぎりで建物疎開を免れたわけである。

『新大津市史　上』は、この建物疎開の経過や戦後の後始末について詳しくページを割いている。対象地区への強制疎開の告示は当日まで秘匿され、㊮のマークの紙が貼られた家は告示とともに有無を言わせず期限までに退去となった。

「あれなんか全く人権無視で、㊮のハリ紙がはられると五日以内に退去しなければならんのです。人のばかりやっておりましたら、しまいには自分の家まで㊮がはられました」（当時の振興課長の談『新大津市史　上』）

市の職員ですら告示当日まで対象はわからなかったのである。大津市の第一次強制疎開では七月五日が最初の告示で退去期限は七月一一日、一三日からは一〇日間、報国隊と大津国民義勇隊によって取り壊し作業が行われた。立ち退き先が決まらず家族が食事をしている家屋まで取り壊されたという。行き先のない人の中には浜大津駅構内に仮の雨よけを作って占拠する家族もあった。この一種ホームレス状態の人々を「味方による罹災者」と『新大津市史　上』は書いている。

八月一一日にはさらに広い範囲に第二次強制疎開の発令があった。ここでも立ち退き先のない人の問題が起こっていたし、中には立ち退いた先に疎開命令が出るという不運な人もあった。しかしそれでも彼らに抗議する権利はなかった。

この二次の強制疎開の際、大津市のミスで誤って朝鮮人の居住する地域に疎開の指示が出され、これに対し住民は小学校の校庭に集まり抗議の集会を開いて気勢を上げた。命がけの抗議であった。日本人とちがって彼らには立ち退いてもよそに受け入れられる場所がどこにもなかったからである。職員は誤りを認め謝罪しようとしたが、住民側は特に女性が石を手ぬぐいに巻いて投げつけて受け容れず、説得に長時間かかった。戦中にこれだけ果敢に抵抗した例は珍しいと『新大津市史』は書いているが、単に民族的な対立にとどまらず、そこに積もり積もった戦争末期の権力の圧力に対する不満もあったのだろう。このことは以後の大津市の対応に微妙な影響を与えた。市が立ち退き先のあてのない住民のために、他の地域の公共施設や寺院などの斡旋を図ろうとしたのである。結局は終戦によってこの二次の疎開が中止されたためにこの措置は必要なくなったが、この姿勢が終戦後の大津市の対応にもつながった感がある。

終戦後、この疎開の後処理として内務省国土局長名の通牒が九月二〇日に知事宛に出されたが、そこでは市や町あるいは国が買収・貸借した土地はそのまま空地のままで公有地にして、道路、公園その他都市計画に備えるよう指示されていて、契約解除の場合は当局の協議を必要とすることがうたわれていた。滋賀県は県内の建物疎開を実施した市長・町長を集めてこの通牒を伝え、ほぼこの方針で処理されていったようである。ちなみに県の文書では終戦後、移転済み世帯への移転費五〇万円、除去工事に対する補償が三万円支出されている。第一次の七六〇戸を対象とすれば一戸あたり七〇〇円程度になるが、終戦直後のインフレ下では、一世帯の一カ月分の生計費にしかならなかったようだ。

しかし大津市だけは、この通牒に先んじて九月八日に市独自で希望者には賃貸契約解除に応じる方針を出してしまっていた。このため大津市は国の指示を拡大解釈する形で形式だけ整合させて、実際はいくらか元の持ち主に土地を返還する措置をとった。戦中の権力の圧力の延長でなく、その反省にたった住民本位の姿勢を垣間見せたということになろうか。ただし国の指示の完全無視はできず返還時に面積が縮小されたりしたほか、事実上再建費用は自己負担であったから、再建にはかなりの時間を要した。近松別院の敷地は戦前よりも狭く、再建は一九八一年のことであった。彦根の純正寺も、終戦直後ご住職一家の生活のために土地を手放さざるを得ず、こちらの本堂再建は一九八七年で、疎開から実に四二年という時を要している。

大津海軍航空隊の地下壕

県内には八日市飛行場をはじめ、大津海軍航空隊、滋賀海軍航空隊、陸軍少年飛行兵学校などの軍事施設があるが、戦争末期にはその周囲にかなりの数の防空壕が作られていた。それぞれの基地の兵士が空襲で防空壕に避難したり、防空壕を掘ったという証言はそれこそ無数にある。ただ終戦の年に兵士たちが掘ったという防空壕には、住民が避難する防空壕とは少し様相が異なった壕も含まれている。

大津海軍航空隊の地下壕跡

四五年四月以降大津空の兵士たちが滋賀里の山中に防空壕を掘ったとされているが、ただの防空壕ではなく、その規模や構造から部隊司令部か、何かの軍事施設の疎開と考えた方がよい。山の斜面に何箇所も入り口が掘られ、トンネルが中で縦横につながれる計画であったというが、これは前述の地下工場の構造に似ている。またただの空襲の避難壕なら異なる壕をつなぐ必要はない。壕をつなぐのは一時的な避難でなく、恒常的に陣地を構えて部隊内の諸連絡を密にしたり、工場でのいくつかの作業過程を円滑に繋いだりするためと考えられ、防空壕よりも地下基地の作戦壕、作業壕と呼んだ方があたっている。これも沖縄戦や硫黄島の陣地壕、司令・作戦壕、病院壕と重なってくる。空襲時の退避という防御よりも敵を迎え撃つ戦闘用の施設といった方が正しいのではないだろうか。

父親が大津空の下級将校だったという安達信男さんは「ある日の朝、私は父が働いている航空隊の工場に行った。それは滋賀里の山麓に掘られた大きな壕の中であった」と書いていて、この壕の一部が工場であったことを示している（『市民の戦争体験記録集Ⅰ・私の証言』戦争体験を語る会　一九七四年）。材木運びは予科練生の少年、穴を掘るのは国民兵役の中年、高砂町のこの壕の後、滋賀里に別の壕も掘る予定だったという。

この地下壕の責任者故安達吉郎氏の新聞談話によると終戦間際は一日一〇〇〇人が構築にあたり、一六人一組で一四組で作業したという。縦に並行して走る数本の壕をところどころ横穴で結ぶH構造で総延長は数キロに及んだ（松野孝一『唐崎の滋賀海軍航空隊』二〇〇九年）。何の工場かはわからないが、大津空は予科錬の隊ではなかったから飛行訓練があり、修理工場などはもともと存在したから、機体や部品、軍装の修理工場ということもありうる。また兵舎にあてる予定だったという説もある。この壕のあった高砂町には飛行場建設の朝鮮人労働者の洞窟の家（宿舎）が五軒あって「家の中では小銃の弾を作っていました」という証言があり、終戦間際はこの洞窟にも分散工場の役割があったのかもしれない。

安達信男さんは体験文に大津空近くの滋賀里の百穴《ひゃっけつ》古墳の横穴式石室に燃料が隠されていたとも書いていて、さらに高射砲陣地や山腹の防空壕のほか「飛行機を隠すための空間も、そのための新しい道も作られていた」とあり、四五年春に練習部隊から実施部隊となった大津海軍航空隊の決戦準備の態勢を示している。

滋賀海軍航空隊の地下壕

滋賀海軍航空隊も予科練の甲飛十六期が六月一八日の予科錬教育廃止で陸戦隊となり、舞鶴派遣まで基地の守備と堅田《かたた》までの琵琶湖西岸の警備任務のため、訓練と作業に当たっているが、六月末から日記の中に「戦備作業」の文字が増えている。防火池、普通の防空壕、基地内の機銃陣地、機銃掩体などとともに基地外の陣地構築もあり、山の隧道のトロッコ作業も記録されている（『至純の絆　滋賀空十六期の記録』滋賀空甲飛十六期会　一九九五年）。前年九月入隊の十五期生の日誌には、すでに三月から壕の掘削や発破の作業が数多く記録されている。（松井俊二『あゝ滋賀海軍航空隊』滋賀空十五期会会報委員会　二〇一〇年）

「横穴掘り」には通信機、弾薬の隠遁用もあり、計器類、兵士の荷物、弾薬が収められたという。「山の通信科敷地作業」「隧道《ずいどう》のトロッコ押し」「通信科隧道作業」「南口の穴掘り」といった言葉が八月一日の日記に登場しているが、この山の隧道（大津空の壕よりも北の滋賀里三丁目付近）もただの避難壕とは思えない。また松野孝一氏によると、日吉大社の大宮と二ノ宮の間にも滋賀空の大型爆弾が隠されていたという。

予科練生の上官である分隊士の回想文には「本土決戦に備えて、滋賀空ではビワ湖に敵の空挺部隊による本土分割作戦の想定の許で迎え撃つ太湖部隊を編成する。比叡山の中腹には司令部の地下隧道が掘られ、練習生は工事につるはし・スコップを持って作業に取り組む。」と書かれている（『湖畔に燃えたわが青春』滋賀空甲飛十三期会編　一九九〇年）。ある十五期生は五月一五日「トンネル作業」として、丸太一本を三～四人でかついで比叡山の麓から中腹にある作業場まで運んだと日誌に書いている。少年たちに詳細は知らされなかったかもしれないが、滋賀空は本土決戦に備えて司令部の壕への移転を考えていたことになる。終戦時、予科練の練習生はほとんど滋賀空にはいなかったが、甲飛十三期から十六期のそれぞれのわずかな残留組が比叡山の山麓で壕掘りを続けていたようだ。

空から見た滋賀海軍航空隊跡（昭和30年代）

同じ分隊士は「地下司令室は隊の正門と士官室の中間に設営されている」とも書いていて、山の隧道とは別に滋賀空の基地にも地下司令室があったことがわかる。「コンクリートでかこまれた地下壕は階段を降りると通信室・予備室・司令室がある。司令室にはご真影の格納する祭壇がある。通信室は当直士官数名の電信兵が配置されている。ラジオ・電話・無線通信機が配置され、舞鶴とは直通電話が継がっている」ともあり、警報が出ると庁舎の司令室から「ご真影」を地下司令室の祭壇に移して安置するとも書いている。

この地下司令室が開隊時から造られていたのか、それとも空襲対策として後で造られたのかは定かではないが、少なくともこの地下司令室とは別の司令部用地下トンネルが作られつつあり、本土決戦において基地防衛が困難となり、もはや基地地下司令室で指揮を取ることが不可能となる地上戦の展開が想定されていたことになる。大津市が米軍の本土分割、空挺作戦によって本土決戦の最前線の戦場となることもあり得たのである。予科練生（陸戦隊員）たちの作った陣地や機銃掩体も、ただの空襲対策ではなくこの地上戦のためのものに他ならなかった。本土決戦に防御・持久の陣地は無用であり、あくまで攻撃用陣地構築が求められたのである。

八日市飛行場関連の地下壕

したがって基地周辺の防空壕にはただの避難壕でないものも少なくなく、本土決戦のための戦闘施設であった可能性は高い。安土の小中山にあった防空壕も、地元住民の証言では防空壕といいながらも軍用機整備工場である八日市航空分廠の疎開工場で、分廠の地下壕としてトンネルが山のふもとに南北三本くり抜かれたようだ。戦後放置されていたが、昭和四十年代半ばに入って山の東側は土砂採取場として削られ、それにともなってトンネルの大部分は埋められたという（滋賀報知新聞二〇〇五年六月二日）。

一方、竜王町有線放送編『平和の鐘』（二〇〇〇年）には、竜王町の人々が軍に協力して旧蒲生町《がもう》（現東近江市）鈴村で壕を掘った体験談がいくつも出てくる。

「毎日防空壕掘りに鈴の山に行き、八日市航空隊の燃料入れという話でした。」

「蒲生堂山まで壕掘りに防空頭巾をかぶって行きました。兵隊さんも大勢来ておられました。」

「蒲生野の鈴村というところの山奥へも行きました。そこには兵隊さんがたくさん来ておられました。兵隊さんが鈴村の山に弾丸やら弾薬を隠す防空壕を掘って

旧蒲生町鈴村の壕　　滋賀報知新聞社提供

いるのです。そのトンネルに必要な器材や板を兵隊さんに運ぶ手伝いに毎日通いました。」
武器や弾薬、燃料、資材のための壕も本土決戦には必要だった。八日市飛行場から一五キロほど南西のこの山の壕は、人間の空襲避難用の防空壕などではなく航空隊の決戦用物資のトンネルに他ならず、安土の壕とともに八日市飛行場に関連する作戦地下壕だったことになる。旧蒲生町の聞き取りでは、ほかに鋳物師《いものし》や石塔《いしどう》でも同様の八日市飛行場関連の壕が掘られたという証言が得られている。

竜王町にはこれとは別に二〇一一年にさらに数キロ西の岡屋の堤《つつみ》ヶ谷《たに》遺跡調査で、丘陵内で地下壕群らしき遺構が検出されている。放射状に地下壕を設け、それぞれを壕でつなぎ、谷の最深部には土塁が設けられている。性格や時期は不明であるが、旧日本軍に関係した施設の可能性は否定できない。一定規模の大きさの遺構にもかかわらず資料や体験談が皆無という点は、地域住民に一切秘密の軍事施設であったことを想像させる。隣接して沿道にあった朝鮮人集落も気になる存在であり、あくまで推測だが後述の米原の機関車避難壕のように朝鮮人労働者による秘密作業だった可能性がある。しかもこの地域の朝鮮人集落の住民が一九六〇年の帰国事業で北朝鮮へ帰国されているため、仮に地下壕の秘密作業に関わっておられたとしても証言が残りにくい状況にあった。ちなみにこの地域には戦後、一時朝鮮人学校が作られ、竜王西（鏡山）小学校内にも民族学級が設置されたほどだから戦中、この一帯に相当数の朝鮮人世帯があり、竜王町の一九五五年朝鮮人人口一一一三人という統計がある。しかし帰国事業のため一九六五年にはこれがゼロになっている。集落まるごとの帰国だったという証言もあるようだ（河かおる・稲継靖之「滋賀県の近現代史のなかの朝鮮人」『大学的滋賀ガイド』滋賀県立大学編　二〇一一年）。

事情はわからないが、一斉帰国の背景に終戦時に戦後に継続する工場労働や干拓作業などの生活基盤がなかったことが影響しているのかもしれない。竜王町薬師《くずし》の岩屋不動にはこの一九六〇年の帰国記念碑が残されている。

さらにまた八日市飛行場跡に残る掩体壕《えんたいごう》も、ただただ航空機の避難用という理解だけでは不十分なのかもしれない。現地には二基のコンクリートの大型掩体壕だけではなく、木造格納庫型や木造アーチ梁ドーム型、無蓋《むがい》の開放型などの掩体壕が数多く作られた。無蓋型や木造アーチ梁型のものは五月になってから急ピッチで作られたようだ。

各地の空襲が激化するとともに掩体壕の数も増えたに違いないが、戦争末期には航空戦闘隊に邀撃《ようげき》・戦闘が禁止されていたという事実はよく知られている。滋賀海軍航空隊でも七月二三日から「戦力温存週間」になっていたが、これはおそらく全軍に出された指示だろう。七月二六日、滋賀海軍航空隊副長原田中佐は訓示の中で「……然し乍らこの度の本土作戦は失敗すれば二度と取り返しのつかない作戦である。之が為全国的に亘って戦力を隠し保存してあるのが現状である。之は来るべき最後の決戦に一挙に大戦力を爆発させる為であって決して現在の状況を悲観してはならない」「国家の法則に沿って戦力を温存し戦闘に必要な資材の疎開を徹底し、明日の戦力に遺憾なきを期す」と述べた（『至純の絆』）。

戦力温存は本土決戦のための必要措置であるから、悲観と不安をもつなと原田中佐は強調している。空襲の迎撃での航空兵力の損耗《そんもう》をできるだけ少なくして、来るべき決戦に備えるという作戦なのだが、掩体壕の構築もこの方針にともなって各地で増設されていったのかもしれない。とするならば敵の猛攻に対する単なる防御施設というだけでなく、これら掩体壕は本土決戦時に上陸部隊を海上や水際で徹底的にたたくための攻撃準備施設という性格もあわせ持つことになる。

土山の布引《ぬのびき》山でも防空壕が掘られたが、農兵隊のほか甲南町の野田から一〇キロ以上の道のりを女性と老人が動員されて作業が進められている（『幾山河』甲南町老人クラブ連合会延寿会編　一九九九年）。雪が降ったというから、かなり早い時期からの大掛かりの作業に見える。日野町の南比都佐《みなみひずさ》村役場の職員だった方の日記に二月一三日に駒月と末田の境の山に壕を掘る作業の計画の伝達が「中部三七部隊」からあり、兵隊が上駒月と下駒月で宿営するため緊急区長会を召集したことが記録されている（『終戦の日その日私は』終戦の日の記録刊行会編　一九七八年）。この山が位置的にちょうど土山の布引山付近にあたる。甲南町からの動員はこの作業の協力のためだろう。ほかにも『幾山河』に書かれた甲南町深川の第十隣保組の記録に、二月一八日に佐山村付近の陸軍軍用品疎開の横穴掘り人夫の割当をした記録があり、佐山は土山の布引山と甲南町の中間にあるので、この付近一帯に地下壕が展開したのかもしれない。深川の人夫割当は二月中が二回、三月が四回となっている。

「中部三七部隊」とは京都伏見の陸軍駐屯部隊の秘匿名で、南比都佐村役場職員の日記には陸軍がこの壕にガソリンの疎開実施を知らせてきたとある。ただの京都の部隊の燃料の避難疎開にしては距離がありすぎるから、なにがしかの作戦上の壕構築だったのではないだろうか。駒月から数キロ北東の日野町鎌掛《かいがけ》でも終戦時に村の軍隊の倉庫の大量のサンマやイワシの缶詰が村人に配られたというから（『戦争なんて大キライ２』滋賀県健康福祉部健康福祉政策課編　二〇〇三年）、陸軍の本土決戦準備がこの付近の山村でも着々と進んでいたのだろう。伊勢湾に上陸する米軍に対して進撃する陸軍の自動車や戦車部隊の作戦などが想定できそうである。また大津陸軍少年飛行兵学校でも六月ころから各種作業が強化され、物資集積用の壕作りや長等山の松根掘りが行われたほか、三井寺の山に大掛かりな横穴式防空壕が掘られていたようだ（『千石岩』大少飛第十八期愛知県人会編　一九七〇年）。

海軍秘密航空基地

彦根の近江航空が組み立てた戦闘機用と言われている、多賀町木曽・久徳《きゅうとく》の急造飛行場も終戦時に一部完成していたがこれも本土決戦となれば、当然攻撃のために使用されただろう。四五年夏、海軍陸戦隊佐藤部隊一個大隊が多賀国民学校の新校舎に駐留して建設作業にあたっていたという(『多賀町史　下』一九九一年)が、六月二五日から舞鶴海兵団の設営隊が公会堂や東光寺を宿舎にし、七月末から滋賀空の十五期の予科練生も作業に加わっている。

ともあれ勤労動員もふくめた突貫工事で、三〇メートル×六〇〇メートルの滑走路を完成した上、六〇メートル×一二〇〇メートルの滑走路も八月末に完成の計画だった。過酷な緊急工事だったのだろう。予科練生の回想には「八月六日、勤労動員の女性が一名、炎暑の中で倒れた」と書かれている。

一九九五年の現地での木曽遺跡発掘調査で滑走路跡とみられる板状の硬く締まった土層が実際に検出されていて、滋賀県文化財保護協会の重岡卓氏が同協会の『紀要』一九号(二〇〇六年)でこの飛行場の調査と研究報告をまとめられている(同協会辻川哲朗氏のご教示による)。それによれば比較的転圧の弱い駐機場や誘導路の跡も認められ、さらには滑走路北の小林集落の崖面に四基の横穴群(壕)が確認されていて、一基が掩体、残りが倉庫、待避壕か武器庫と考えられている。重岡氏は報告の中で「周辺集落の住民は、食糧増産が叫ばれる中で、自らの生業すら成り立たない状況に追いやられることになった」とこの飛行場建設の裏の側面を指摘され、さらに戦後の耕地への復旧作業の困難さが地域住民を苦しめたと記されている。工作機械もないために、まったくの人海戦術で硬化した層や舗装をはがさねばならず、その上膨大な量の耕土を運び入れるという過酷な作業が住民の負担となった。本土決戦体制の被害はこんなところにも表れたのである。
また水口町北脇にも未着工の柏木飛行場の計画があり、他に滋賀県では同じ時期に滋賀空に新滑走路が作られたようだ。滋賀空の予科練生の日記にある「滑空場整備作業」「ローラー引き」がこの基地建設作業を意味するのかもしれない。

例えば沖縄特攻の終了で九州鹿屋基地の特攻機（機上作業練習機「白菊」）が高知の山間に人海戦術の突貫工事で作られた新設飛行場（窪川飛行場）に七月に移されているが、もちろん本土決戦に備えた疎開行動であると同時に、敵上陸部隊へのこの秘匿基地からの出撃準備でもある。こうした秘匿飛行場の多くは、「白菊」や九三式中間練習機「赤トンボ」による無謀な特攻の基地になる予定だったようだ。

「牧場」という秘匿名を持つこういった終戦間際の海軍の簡易飛行場建設とその計画は六月の海軍の秘密基地の設置要領によって促進され、わかっているだけでも全国で六〇カ所以上に及んでいる。沖縄特攻の「菊水作戦」を失敗させたにもかかわらず、海軍は、本土決戦においても特攻作戦以外採るべき策はなく、その秘密基地の増設を進めたのである。しかもこの秘密基地設置要領の指令は最後の第十次「菊水作戦」発令の四日前だった。

昭和二十年六月十七日　海軍施設本部『新設秘密航空基地施設要領』

位置の選定

滑走路急速造成に適する地形地質たること、特に土質及び排水の良好なる箇所たること。（既設道路、焼け跡の適地利用等に着眼すること）

飛行機の隠蔽に適し且つ其の防備に強靭性ある地形を付近に有すること。（壁多き山、森林その他を近くに有すること）

隧道掘削に適する地形、地質を付近に有すること。

規模構造

滑走路　三〇米×六〇〇米　整地転圧のみ（障害物除去幅員各一〇米以上　整地転圧をなさず）

誘導路　転圧幅員六米（障害物除去幅員は翼幅に四米を加えたるもの）極力既設道路を利用すること。可及的在来基地との連絡を考慮すること。所要延長の転圧、間に合わざる場合は前後車輪の通路各一米幅（総計幅三米）を要すれば砂利或は栗石を敷き転圧するか又は木材の敷並べを考慮すること。

飛行機隠匿所　三〇機分　切り込み式、森林内偽装或は隧道式　極力入り込みたる山裾の利用に努めて機の攻撃を困難ならしむること。偽装隠蔽に格段の方法を講ずること。

飛行機組立整備場　五棟（五機分）　覆土或は地上式（情況に応じ適宜）　特に偽装隠蔽に留意

のこと。夜間作業をなし得る様遮蔽を完全ならしむること。
指揮所　隧道式
燃爆格納施設　隧道或は森林内隠蔽　在来基地施設を極力利用することとし、要すれば最小限度を考慮するものとす。
居住施設　兵力五〇〇人分　可及的隧道式によるも、要すれば差当り一部民家の利用を考慮す。
完成期日　七月一五日

完成期日は関西では八月一五日、関東は九月末に延期・変更されたというから、資材、労働力の不足が障害となったのだろう。先に述べた滋賀空や大津空の地下壕や予科練生の戦備作業も、この要領によく当てはまることがわかる。大津天虎航空研究所の水上機が隠された中主の松林なども、この要領の「森林内偽装」に酷似している。

これより先、陸軍もまた同じ秘匿飛行場の建設と壕の掘削を全国各地で進めていたが、海軍の「牧場」に対し、こちらの飛行場は「と号専用」と称されていた。この「と号」とは「特別攻撃隊」を指すものに他ならず、陸軍もまた特攻以外の航空機作戦は想定されていなかったのである。

現存する壕内での事故や、地下壕上の地面の陥没事故などから国土交通省は二〇〇一年から「特殊地下壕」の調査報告を地方自治体に求めているが、滋賀県では当初九カ所の壕の存在が報告されている。大津の二カ所が滋賀里の大津空の壕、これに八日市飛行場関連と思われる旧蒲生町の鈴の壕と安土の壕、あと多賀町の簡易飛行場の壕と隣接する彦根IC東側の二カ所の壕、さらに米原の磯山付近の二カ所の壕を加えた九カ所である。彦根IC近く（正法寺《しょうぼうじ》町）の壕も多賀の簡易飛行場建設にともなう施設と思われるが、米原の壕はよくわからない。二〇〇九年の報告では危険度が高いと判断された安土と大津の三つの壕が埋め戻され、彦根、多賀、東近江（旧蒲生町）の四カ所に報告数が減っていて、米原の二つの壕がなぜか消えている。前回調査が誤りであったのかもしれない。

ちなみに滋賀県のこの特殊地下壕調査数は全国最低で、他府県よりかなり少ない。しかし今まで見てきたように、トンネル転用や消滅した地下疎開の工場、埋められた地下壕はいくつもある。ほかにも重岡卓氏は彦根市大堀町に隣接する鞍掛山頂上に地下施設の陥没跡を確認しておられ（前掲『紀要』）、こうした自然崩壊した壕や未発見の壕も相当数あるにちがいない。決戦準備体制はやはり滋賀県も確実に進められていたと考えるべきだろう。

第二章

ふたたび滋賀県の空襲を追って

グラマンの弾痕が残る守山の六地蔵

日本の空襲の諸段階と滋賀県の空襲

滋賀県の空襲被害はすべて、一九四五年の五月以降という戦争末期のもので、その意味で本土決戦期の空襲といってもよいかもしれない。そもそも敵機による頻繁な空襲自体が自国の制空権の喪失を物語るのだが、それでも日本の空襲には何期かの段階があって、敗戦へと至っている。

空母から発艦してのやや無謀な四二年のドゥーリットル爆撃や中国大陸からの北九州爆撃などは別にして、四四年のサイパン陥落の半年後あたりからの本格的本土空襲の第一段階は、大都市の軍事施設を狙う「高高度精密爆撃」が中心で、対空砲火が届かず迎撃が難しい高高度から、「ノルデン照準器」を使用して目視で爆弾を投下する方法がとられ、ハンセル将軍が指揮官として作戦を進めた。この時滋賀県はまだB29の東海方面への通過地点に過ぎず、警報は出るものの爆弾の投下はなかった。

ただこの第一段階は誤爆も多く、アメリカ軍は成果が不十分と判断していた。四五年一月、工場を狙ったはずの爆弾が名古屋第三高等女学校の防空壕に落ち、三菱発動機の工場から学校工場に移動疎開していた動員女子学徒たちに多くの犠牲者が出てしまう空襲があった。三菱の工場で動員仲間だった滋賀県女子学徒勤労報国隊の彦根高女四年生がショックを受けたというが、それは現代の戦争でも起こりがちな目標ではない地点への誤爆の犠牲という悲劇だったのである。

芳しくない空襲の成果のためやがてハンセル将軍は更迭、日本空襲の指揮官に新しくカーチス・ルメイが任命され、その作戦が委ねられることになった。このルメイが新たにとった作戦が、低空飛行で焼夷弾を大量に投下するという無差別爆撃であり、三月一〇日の東京大空襲がその転換点となった。ここからが日本本土空襲の第二段階で、大都市に対する焼夷弾による低空からの絨毯爆撃がその主流となった。ただこの攻撃はB29の搭乗員を高射砲や日本軍機の邀撃《ようげき》の危険にさらす作戦でもあったから、兵士たちには不満の声が高かったという。事実この段階から、B29の被弾、墜落、不時着が増加している。脱出して捕虜となるアメリカ兵も増え、中には住民によるB29搭乗員殺害事件さえも起こっている。敵に対する効果的な攻撃とは、味方を危険にさらして互いの憎しみを増幅させ、敵と味方の双方をさらなる悲劇に追い込む作戦でもあった。

東京に続いて大阪、神戸、名古屋などに大規模な焼夷弾爆撃が続いたが、この第二段階の大都市空襲も四月以降しばらく中断する期間がある。これは沖縄戦での航空特攻に苦しむアメリカ機動部隊のために、第二一爆撃集団に九州の航空基地や航空機工場の爆撃が指示されたためである。そして沖縄戦のアメリカ軍の優勢がほぼ決定的となった五月中旬に第二段階の大都市空襲は再開される。その最初が五月一四日の名古屋空襲で、白昼に焼夷弾空襲が実行されたが、昼間だけに反撃も激しく、Ｂ29側の被害も少なくなかった。このため次の五月一七日の名古屋空襲は夜間に実施されている。名古屋動員の滋賀県女子学徒勤労報国隊から爆死者が出たのがこの時の空襲である。そして滋賀県内の最初の空襲とされるのが、この両日（五月一四日、一七日）の県内への焼夷弾投下であった。

六月に入ると、大都市の焼夷弾空襲はほとんど終了し、攻撃目標が中小都市に移ることになった。これが第三段階である。季節は梅雨に入り、雲も多くなりがちで、この気象条件下の空襲をあえて繰り返した節がある。六月二六日の彦根空襲とは、岐阜市、各務《かが》ヶ原《み》飛行場を狙ったＢ29のうちの一機が、日本機の体当たりを受けて爆弾を落下させたもので、この第三段階の空襲の時期にあたっている。

そして七月にはいると日本本土の空襲は最終段階とも言うべき第四段階にはいる。

この段階では沖縄戦終結によってアメリカ機動部隊の第三艦隊第三八任務部隊が本土近海に北上し、航続距離の短い空母艦載機が日本各地を執拗に空襲するようになる。一部（北海道、東北、北関東など）では本土に対する戦艦からの艦砲射撃も実行された。この段階のアメリカ海軍の作戦は、沖縄の那覇空襲（四四年一〇月一〇日）と四五年三月末の「鉄の暴風」とよばれた沖縄本島への艦砲射撃を連想させる。沖縄はその後アメリカ軍が上陸し、地上戦となった。爆撃と艦砲射撃で主要施設を破壊し、上陸する兵士の安全を図るという作戦である。本土の場合もまた艦載機空襲と艦砲射撃の後に来るのは敵の上陸と地上戦、つまり本土決戦に他ならなかった。第四段階はそういう意味を持っていたのである。

そしてもうひとつ、中小都市へのB29の空襲も並行して続けられていたが、それとはまったく異なる性格の特別部隊の攻撃、戦後の核戦争を想定した模擬原爆パンプキン爆弾と原子爆弾の投下作戦が七月二〇日に始まっていた。その一発が七月二四日大津市の東レ石山工場に投下されたわけである。

前著でも滋賀県の空襲についてまとめたが、まず県の統計をベースにほかの資料や証言、米軍資料を基にして、時系列順に滋賀県の空襲を一九四五年五月から簡単に整理してみよう。

五月一四日

・午前中、名古屋空襲のためサイパンの基地を離陸した第二一爆撃集団の五〇〇機を越えるB29の一部から焼夷弾六七〇発が、何らかの理由で湖南の田園地帯に投下された。野洲《やす》郡速野《はやの》村と兵主《ひょうず》村、栗太《くりた》郡上田上《かみたなかみ》村の田園地帯でほとんど被害はなかったが、信楽上空で邀撃の日本機が一機、B29からの銃撃で撃墜された。搭乗員は石川延雄少尉。法政大出身、第十三期海軍飛行予備学生出身だったが、結婚されており母や妻子を詠んだ歌も残されている。「滅私奉公」を勇ましく詠うばかりでなく、当時としては「女々しい」と批判されかねない本心、本音を詠みこんだ歌は、今も多くの人々の心を打つ。

「身にあびる歓呼の中に母一人　旗をも振らず涙ぬぐひ居り」
「人混みに笑みつつ送る妻よ子よ　切なすぎて吾も笑みつつ」
「人前に吾見せざりし涙なれば　夜は思ふまま泣きて明かしぬ」

・県の記録にはこの日信楽町、甲南町寺庄地区の農村で女性三名が負傷、彦根市旭森国民学校児童五名負傷とあるが、B29からの銃撃とは考えにくい。名古屋空襲の護衛機は記録にはなく、B29の編隊とは無関係の陸軍機の銃撃だったかもしれない。

五月一七日
・前回の名古屋空襲で邀撃や対空砲火によるB29の被害が大きかったため、第二一爆撃集団はこの日は夜間に名古屋空襲を実行、再び通過中のB29から焼夷弾七六〇発が彦根の稲枝《いなえ》村高田工場付近の田んぼに投下されたが被害はなかった。一四日とあわせて二回のB29の空襲目標はあくまで名古屋であったはずで、その途上の滋賀県での少量の焼夷弾投下は目的がはっきりしない。実際焼夷弾が落ちたところはほとんど水田であり、作戦上何の効果もない空襲で、事前の投下練習ともとれる行為にすぎなかった。

六月二六日

・午前九時四〇分、彦根市城南国民学校付近上空で岐阜、各務原を爆撃目標とするＢ29編隊の一機に日本機が体当たりして爆弾が落下、農作業中の市民ら一〇名が死亡、一〇名が重傷を負った。また福満信用金庫、城南国民学校校舎に大きな被害が出た。

・これとは別にこの日、第三三二海軍航空隊（兵庫　鳴尾飛行場）の「雷電」搭乗員彦坂仁上飛曹が、滋賀上空でＰ51ムスタングと交戦して自爆、戦死している。Ｂ29編隊の護衛機との空中戦だったかもしれない。

七月一〇日・一九日

・『米原町史　通史編』（二〇〇二年）に、米原がこの両日Ｐ51によって機銃掃射されたという証言が残ることが書かれているが詳細は不明。一〇日については『小松小学校沿革誌』にこの日「小型機来襲」とあり、一九日に関しては大津の滋賀海軍航空隊の複数の隊員が午前中、上空を通過する敵小型機二〇機ほどを視認している。「艦載機」「グラマン」と日記に書いているが、この時期敵機動部隊は関東沖にあったから、この小型機の一群は陸軍機（Ｐ47・Ｐ

51）であろう。

七月二四日

・午前七時四七分、大津市の東レ石山工場にB29一機が模擬原爆のパンプキン爆弾一発を投下。死者一六名、重軽傷者一〇四名ほかの大きな被害を出した。アメリカ軍の第五〇九混成群団による神戸を目標とした作戦の一つで、西宮鐘紡機械工場上空が視界不良のため大津市の東レ石山工場が目標となった。アメリカ軍の報告書では第二目標は「任意」とあるものの、前著で「軍需工場として目標と認識されていた可能性が高い」と書いたが、『米国戦略爆撃調査団文書』の目標情報資料の中に「大津レーヨン　一九三八年に兵器工場に転換」とあった。

また大津市立晴嵐小学校の『三十年の歩み』（一九六七年）には爆風でガラス七一枚が破損し、五年生児童がケガをしたことが記述され、「窓枠が宙に浮いているところもあって、魚雷破片が国分町までとんで草ぶきの民家の屋根をつきぬけ庭におちていた」と記述されている。

前著では松浦儀明さんの姉の治子さんが犠牲となったこと、米本津いさんの兄が片足切断の処置を受けたことを書いたが、その後大津市の中学校教諭田中政秀先生が授業実践で左腕に障害を負われた田井清喜さんを紹介されたほか、毎日新聞が大津市の早川博明さんの父、光蔵さん（故人）が右目を失明されていたことを伝えた。そして二〇一三年夏、野洲市の高木義雄さんから情報が寄せられ、東レ空襲で兄の昭三さんが亡くなられていることが判明した。兄弟とも瀬田工業からの学徒動員であったが、厳密に言えば兄の昭三さんはすでに三月に卒業されていた。『記憶の湖　三』で池田廣さんが書かれている爆死した瀬田工業の先輩というのが、この昭三さんであるようだ。卒業されてはいるが、東レへの勤労動員がそのまま継続されていた。当時卒業後の動員延長は普通に行われており、進学先・就職先などがない場合、女子は「専攻科」男子は「実務科」扱いで継続動員となっていた。「通年動員は三月まで」という予定は本土決戦を前に反故《ほご》にされていたのである。

・午前八時すぎ八日市飛行場付近で艦載機が機銃掃射。学童一名と兵士一名が死亡し、その他重軽傷者が多数出た。米軍報告書では、この空襲は午前五時四十五分に空母「ハンコック」を発進した「第二ベイカー掃討隊」のF６F一二機の攻撃で、五〇〇ポンド爆弾での格納庫の破壊、ロケット弾と機銃掃射での四機の航空機の破壊、三機の損傷が報告されている。この後この隊は奈良の榛原《はいばら》、三重の名張、上野を攻撃している。

・『栗東の歴史　第三巻』（栗東町史編纂委員会　二〇〇二年）がこの日、栗東町（現栗東市）浅柄《あさがら》野《の》へB29から投弾があったとしているが不明。右の「ハンコック」のグラマンの飛行ルート上にあたるので、Ｂ29ではなく艦載機空襲であった可能性がある。

七月二五日

・早朝、彦根市の近江航空西馬場工場、鐘紡、小野田セメントなどを空母「ベローウッド」の艦載機が空襲、爆弾と機銃掃射で攻撃し工場を破壊。鐘紡だけで死傷者一一名。近江鉄道の電車と省線の機関車も機銃掃射され、死者六名　重傷八名　軽傷二十数名の被害が出ている。

・「ベローウッド」の艦載機Ｆ６Ｆは八日市飛行場も早朝に攻撃、八日市飛行場では爆弾・機銃掃射で単発の日本機二機と双発日本機二機を炎上させ、単発四機が損傷を受けた。その後二四四戦隊と空中戦になり、グラマンに体当たりをして脱出した小原伝《つとう》大尉を含め日本の搭乗員二名が戦死。グラマン搭乗員も一名墜落死、一名が機から脱出して捕虜となっている。この一部始終を元八日市高校教諭の三露迪雄《みつゆじゃくゆう》先生が見ておられた。

朝七時半過ぎ、けたたましくサイレンが鳴り響き、空襲警報が発令された。私は国民学校の初等科四年生。防空頭巾をかぶり、友達と一緒に登校途中だった。北の上空から爆音を響かせ、南へ向かう米軍機（当時グラマンと呼ばれた艦載機）の大編隊。攻撃の目標は八日市飛行場だ。私たちは急いで引き返し、近くの民家の軒下に身をひそめた。ちょうど私たちの真上から、艦載機は急降下を始めた。ロケット弾のような二筋のオレンジ色の光の尾を残しながら、爆弾が次々と投下された。もうもうと立ち上る黒煙が大空を焦がした。格納庫が燃えているのだろう。執拗な攻撃が十五分ほど続いた。その瞬間、真っ青に澄んだ空に閃光が走ったかと思うと異様な爆発音がした。やがて火を吹き、ばらばらになった機体の一部やその破片が、近隣の民家や水田に落下した。何が起こったのかわからなかった。するとまるで白牡丹の花のような落下傘が大空にぱっと開いた。落下傘はゆるやかに降下し、しだいに兵士の姿もはっきりと見える。身体を二つ折りにして、両手をだらりと垂れている。私たちの真下に降りてくるのかとおもわれたが、ずんずん流されて、隣の字下の農道のはずれに降下した。

やがて攻撃は終わった。人々はいっせいに竹槍を片手に、隣の字へ向かっていった。私たち子供も、何の恐ろしさも覚えず大人たちの後を追った。落下傘で降下した兵士は、アメリカ軍兵士と、だれもが思い込んでいた。ところが日本軍兵士だったのである。私たちが現場に着いた時には、兵士は純白の落下傘にくるまれ、近くの寺院に運ばれるところだった。すでに息絶えていた。だらりと両足をたれ、右足の飛行靴はぬげ落ち、真っ白な靴下が印象的だった。遺体は本堂に安置され、住職の読経の声が静かな境内に流れた。

米軍機は近くの民家に墜落し、民家は全焼した。幸い家族は勤労奉仕で出かけていて、難をまぬがれた。機体もろとも墜落した若い米軍兵士の遺体は、近くの墓地に埋葬された。戦後、その遺体は米軍の手によって収骨され、母国へ還った。田圃の中央にささった機体のプロペラ、残骸の一部が、いつまでも道路横に放置されていた。

（滋賀県立八日市高等学校社会科編『一九九二年度戦争体験集』一九九三年）

前著でこの第二四四戦隊を「京都防衛の任」と書いたが、八日市への展開の真の狙いは本土決戦に備えた戦力温存にあり、それゆえ処罰覚悟の訓練名目の空中戦だったようだ。

・右と同じ隊かもしれないが、この日機銃掃射を浴びた省線の汽車に乗り合わせた彦根工業学校生だった方が稲枝駅から汽車で帰宅の途中、能登川《のとがわ》の奥田製油所の炎上を目撃している（『記憶の湖　三』）ので、能登川も空襲を受けた可能性があるが、三〇日の能登川空襲の記憶違いの可能性もある。

・昼すぎには別の空母「ハンコック」の艦載機F４Uコルセア一〇機（第四エイブル掃討隊）が八日市飛行場とその付近を空襲し、建部《たてべ》村で教員一名が軍用トラックの爆撃に巻き込まれて爆死し、小脇《おわき》町で夫婦が爆弾の直撃で死亡している。米軍の報告書では練習機を含め「一九機を破壊、四機に損害を与え、格納庫を破壊した」とある。飛行場内でも相当数の人的被害があったと思われるが、詳細は不明のままである。

七月二八日

・早朝今津町で空母「ベローウッド」のグラマンＦ６Ｆに日本機（零観）四機が撃墜され六名戦死（後年、後遺症で一名が死亡）。

・同じグラマンの隊が米原駅の円形機関車庫、蒸気機関車をロケット弾で攻撃、機銃掃射を加え、機関士一名が死亡。米原・彦根間でも鉄道に機銃掃射を加えた。

・同じ隊はまた彦根市の近江航空西馬場工場、鐘紡社宅を爆弾・ロケット弾で破壊、八日市飛行場を機銃掃射し、二機の双発機を炎上させ四機の双発機を損傷させた。

・午前七時〇五分には長浜市の鐘紡長浜工場が別の空母の艦上爆撃機ＳＢ２Ｃに爆撃され、監視哨一名が死亡した。負傷者も一名。

・一二時一〇分から一五分間彦根駅北で上り列車が機銃掃射を受けた。

・昼すぎには大津市唐崎《からさき》の滋賀海軍航空隊が早朝とは別の「ベローウッド」艦載機の初空襲を受け、機銃掃射を受けて日本機一機が損害を受けた。別所の大津陸軍少年飛行兵学校が二七日の昼に艦載機空襲を受けたという生徒の記録があるが、二八日の誤りである可能性が高い。
・昼すぎ、八日市飛行場に空母「ハンコック」のF4Uコルセア七機が機銃掃射を浴びせ、双発機一機が炎上、その後付近の機関車一台がやはり機銃掃射で破壊されている。
・また彦根の鐘紡や近江航空西馬場工場が再び艦載機攻撃を受け、ロケット弾で近江航空西馬場工場の女子寮や工場三棟を全焼した。

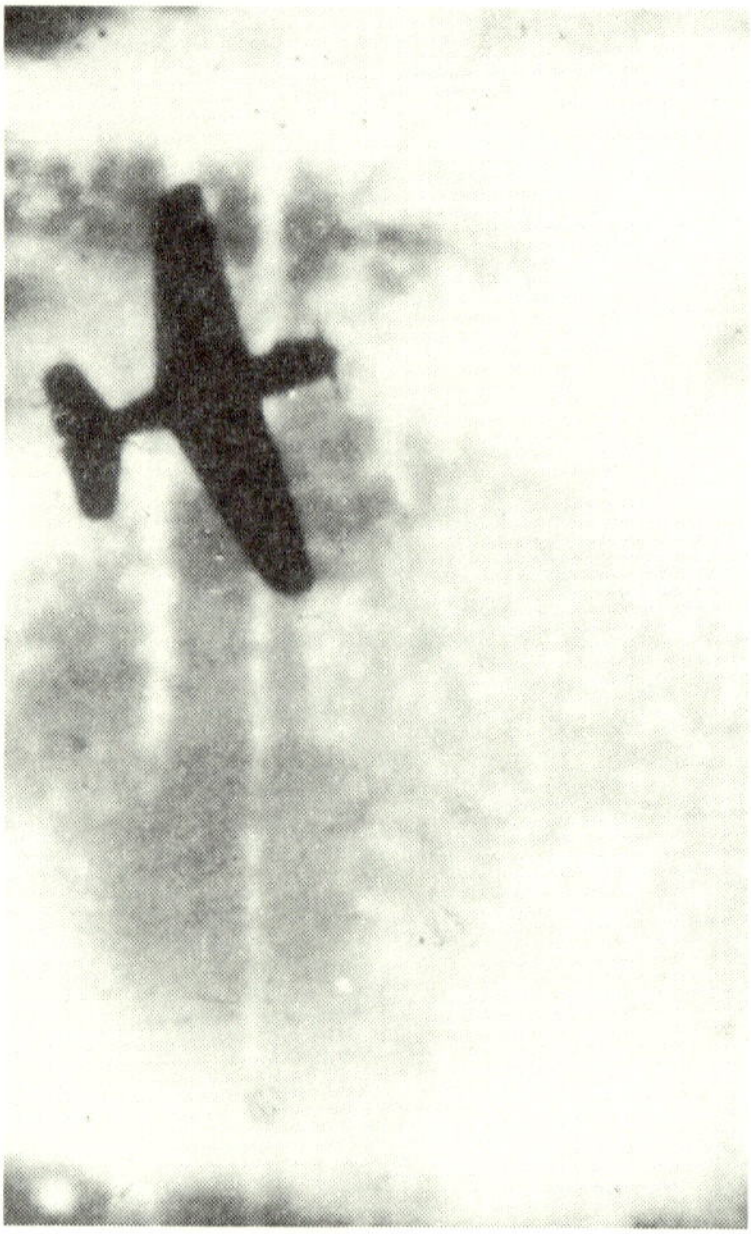
長浜を襲う艦上爆撃機 SB2C

七月三〇日
・早朝「ベローウッド」艦載機が彦根市高宮町の工場とkitakano（北蚊野？）の工場に爆弾を投下、八日市飛行場東南の工場を爆撃、永源寺町では機銃掃射のためラジオ体操帰りの児童・

幼児二名が死亡した。

・同じ「ベローウッド」艦載機によって米原付近の蒸気機関車二両の釜がロケット弾二発で爆破され、米原近隣の機関車一両、八日市近隣の機関車一両も機銃掃射で破壊された。同時刻（午前六時～七時半）彦根駅の上りホーム南のロケット弾二発の攻撃と機関車破壊、二名負傷が日本側で記録されているがこの「ベローウッド」艦載機の攻撃と重なるのかもしれない。

・午前六時二〇分、南五個荘国民学校が小型機二機の小型爆弾直撃で教室と渡り廊下が損壊、校舎全面に機銃掃射を受ける（『五個荘町史　第二巻』）。早朝、高宮などを攻撃した「ベローウッド」艦載機の爆撃報告や永源寺の機銃掃射と同時刻であり、工場と誤認された可能性がある（ただ学校が工場化する情勢でもあり、「工場」という判断での攻撃ともとれる）。

・別の空母の艦載機が彦根市の近江航空西馬場工場、外町《とまち》工場、鐘紡、小野田セメントを爆撃、外町工場は新工場が全焼、花田国民学校も朝、機銃掃射を受けた。

・能登川町では日清紡能登川工場が爆撃され炎上。死者一名。日清紡の寮で起居していた八日市中学の干拓学徒は寮に被害はなかったものの、次の日から天理教教会に宿舎を移した。乙女浜区の区長日誌に「三〇日……駅前湖東紡績銃爆撃　炎上」とある。

・同日、安土町の安土駅構内も攻撃を受けた。『国鉄の空襲被害記録』（鴨原吉之祐　一九七六年）では旅客一名が負傷、線路三〇メートルが壊され、機関車大破、「全通一一時」とある。これも早朝の攻撃だろう。
・昼ごろ空母「ハンコック」の艦載機が大津市別所の陸軍少年飛行兵学校を爆弾・ロケット弾で攻撃し、死者一名（二名?）を出す。その後唐崎の滋賀海軍航空隊を機銃掃射、その帰途、一機がNagano（愛知川《えちがわ》の長野か）で工場に爆弾を投下し、工場が炎上。
・午後三時三〇分、「ハンコック」の別の艦載機の編隊が大津市際川《さいがわ》の大津海軍航空隊、唐崎の滋賀海軍航空隊を爆弾・ロケット弾で爆撃、機銃掃射を加え（大津空で重傷一名、滋賀空で軽傷一名）、さらに午後四時に守山駅で蒸気機関車を機銃掃射。一一名の死者を出す。また同じころ近江八幡、篠原付近で蒸気機関車が機銃掃射を受け、沿線の女性一名のほか機関士一名も死亡された模様である。また負傷者も多数出た。
・右の「ハンコック」の隊の一部か別の隊か判明しないが、『草津市史　四』（一九八八年）は、草津の常盤《ときわ》村下物《おろしも》と志津《しづ》村にも機銃掃射があったとしている。

七月三一日
・昼ごろ南川瀬、西今および豊郷村安食《あんじき》の水田に爆弾投下と『彦根市史　下冊』が記載するが詳細不明。

八月三日

・日野川鉄橋での貨物車への機銃掃射の証言（『平和の鐘』）があるが詳細不明。陸軍機か。

八月一二日

・関ヶ原住民の当時の日記に「米原驛が戦闘機の機銃掃射を受けたらしい」とあるが詳細不明。『白鳳の里たかみぞ』（高溝ロマンの里史編集委員会編二〇〇三年）にも八月一〇日ころに「米原山の方角に大きな音がして駅が空襲をうけたことがわかった」とある。

八月一四日

・中洲村（現野洲市）菖蒲《あやめ》で天虎飛行研究所の水上機を隠した松林、田んぼなどが機銃掃射され、農作業の女性一名が死亡。この地で水上機が松林に隠されていたことも、本土決戦のための機体温存措置と考えられ、女性はその犠牲者ということになる。

・この日、琵琶湖上の空中戦で、P51、P47などによって日本機四機（陸軍機二、海軍機二）が撃墜され四名が戦死している。

これらのほかに日は特定できないが、県内の小型機の機銃掃射の証言は数多く、滋賀県平和祈念館の調査でも野洲での機銃掃射、日本機の撃墜の証言が得られているほか、安曇川《あどがわ》の船木《ふなき》飛行場（川崎飛行場）での機銃掃射の証言があり、『高島町史』（一九八三年）も「七月には、（略）大溝も爆撃、敵弾の落下を受けたが人家等への被害はなかった」「音羽へ帰る児童達は小田川の土手下で機銃掃射を受けた」と書いている。

また「長野県強制労働調査ネットワーク」の韓国での聞き取り調査で、徴兵されて滋賀県に送られた朝鮮人兵士のSさんが「宿舎の中学校の二階で、朝の食事中、艦載機の機銃掃射で三十人位死んだ」と証言されている。これがもしも滋賀県での空襲となると、県下最大の被害となるのだが、これ以上のことはわからない。兵士の空襲被害は絶対機密である上、朝鮮人兵士の被害となるとさらに実証は困難であろう。八日市飛行場内の航空隊の被害同様、隠れた犠牲はまだ相当数ある可能性がある。

彦根が戦場になった日

B29からの爆弾の落下

それまでB29の通り道に過ぎなかった滋賀県に、四五年五月の湖南と彦根の焼夷弾投下以降、直接爆弾や焼夷弾が落ちるようになると、県民は「本土での戦争」を意識せざるをえなかった。国民義勇隊の編成が進んだのもこの時期で、六月二三日には『義勇兵役法』が公布され、沖縄戦の組織的抵抗が牛島中将の自決によって終了した。

その三日後、二六日の午前九時過ぎに彦根市上空を通過するB29から爆弾が落下、一〇名が犠牲になる惨事が起こった。

「六月二六日午前九時四〇分頃、北西方ヨリ来襲セル米機、本校校舎北方約五〇米ノ地点ニ大中型爆弾十余発投下、為ニ北校舎大破講堂、南校舎、表校舎、其の他中破、此ノ儘使用シ得ル教室一室モナキ状態トナリ付近ノ一般民十数名爆死或ハ重傷ヲ受ケタリ然レドモ本校ニ於テハ幸ヒ御真影御安泰勅語謄本御無事職員室児童一名ノ微傷者モナク重要書類亦無事ナリ。」

（『城南国民学校校務日誌』より）

これは前述したように岐阜・各務ヶ原を攻撃目標としたB29編隊の一機に日本軍機が後方から体当たりをし、ために十数発の爆弾が落下した偶発的な空襲だった。体当たりの瞬間や、黒煙をはくB29の目撃証言はいくつか残っている。日本機の体当たりに喝采したが、その機の墜落とB29が機体を立て直して岐阜方面へ飛び去るのを見てくやしかったとかいった証言である。

爆弾はほとんど麦畑である水田地帯と城南国民学校周辺に落ち、軍事的に目標となるものは何もない地域であったし、仮に彦根市街地や工場群を狙ったのなら、機体を立て直した後にそこに爆撃があっても不思議ではないのだが、実際は問題の十数発の爆弾落下のみで岐阜方面へそのままB29は飛び去っている。やはり目標は東海方面であったと考えるしかないだろう。

犠牲者のほとんどは麦の刈り取りをしていた人たちで、一四歳の西川愛子さんが最年少だった。近所の人が「女学生だった」と証言されているので、小学校(国民学校)高等科在籍だったと思われる。また七歳の北川庄助君が重傷と当時新聞報道されている。また昭和五〇年にサンケイ新聞が『昭和五〇年史　郷土の証言と記録』と題した特集でこの愛子さんの母親に取材している。

「あの日(六月二十六日)、B29さえ戻ってこなかったら……。」西川しづさん(六四)=同市西今町=は、当時を思い出して声をつまらせる。しづさんはこのときの空襲で、次女、愛子さん(当時、十四歳)を失った。

あのときのことは、忘れようとしても決して忘れられない。自宅から約五〇〇メートル離れた田んぼで、母と娘は小麦の取り入れに精を出していた。そのとき、B29が頭上に。

「耳と目を押さえるんヨ!」。

愛子さんがしづさんにいった。母と子はとっさに田んぼのなかへしゃがみこんだ。と、同時だった。「ドカーン」耳をつんざく破裂音。目の前に爆弾が落ちたのだ。一面、もうもうたる土煙のなかで時が過ぎた。二分、三分……。爆音は消えた。が、愛子さんは身動きひとつしない。

「愛子！　愛子！　どうしたの……」しづさんは懸命に呼んだがそれはむなしかった。彼女はすでに帰らぬ人になっていた。

西今町では、永井作次郎さん（当時三十九歳）西川たをさん（同四十八歳）西川春さん（同二十三歳）尾本きはさん（同六十一歳）尾本常次郎さん（同六十九歳）野瀬町では、古川うめさん（同六十三歳）古川春子さん（同二十三歳）野瀬岩蔵さん（同七十歳）そして、開出今《かいでいま》町の西崎こりさん（同五十二歳）の十人が爆死、ほかに十人が重軽傷を負った。人命だけではな

窓ガラスが爆風で破壊されたままの戦後の城南小学校校舎

かった。

城南国民学校（現在、城南小）では木造校舎の屋根、床がすべて吹っ飛んだ。爆弾の威力は、それほどすさまじかったのである。

同市教委に勤める草野末松さん（六二）。当時、城南国民学校の先生だったが、爆撃の模様を一部始終を目撃していた証人のひとりである。

本土空襲に襲来する米軍機は、紀伊半島からびわ湖、伊吹山を目標に、中京、北陸へと向かう。この日も、B29の五十機編隊がいつものように彦根上空を飛び去って行った。

「またか」。ごう音をとどろかせて長い飛行雲をつくって行く機影に腹だたしさを感じながら空を見上げていた。と、どうしたわけか、編隊から一機だけがUターン、市の中心部へ――。

このとき、日本の戦闘機一機がB29へ体当たりした。グラッ。B29の巨体が揺らいだ。急に機首を南に向けた。そしてバラ、バラ、バラ……。約二十発もの爆弾をまるで無造作に捨てられるように投下された。ちょうど巡礼街道と東海道線に挟まれた水田地帯が爆撃された。愛子さんらが野良仕事をしていたところだ。

爆弾は地面に深さ八メートル、直径八メートルの穴を掘った。飛び散った土塊は、現場から一キロ離れた竹鼻町の民家にも落ちた。破裂した爆弾の鉄片は、城南国民学校も〝直撃〟した。校舎の柱を突き抜け、書棚の百科事典まで射抜いたという。

これが県下でもっとも強力な五〇〇キロ爆弾とわかったのは、のちのことだが、この空襲で、市民は改めて爆撃の悲惨さをイヤというほど体験した。

（サンケイ新聞　一九七五年六月三〇日付）

空襲と子どもたち

この空襲から市民は彦根が「戦場」であることを認識した。この日警報は出ていたはずなのだが、農作業中の人々は避難していなかった。直接的な空襲をまだ受けていない地域だけに、「まさか」という考えが人々の中にあったのだろう。近所では寺にしか防空壕がなく、この空襲の翌日からようやくお粗末な防空壕を作り始めたという証言もある。田んぼではその場でかがみこむしか空襲の対処法はなかったようである。それでも城南国民学校の成宮幹夫校長は「警戒警報」の段階で児童に帰宅を命じ、子どもたちは教師の付き添いで自宅に帰っていた。「空襲警報」は九時二〇分ころで、「警戒警報」との間隔は短かったと言われているから的確な判断であった。この避難が遅れれば城南国民学校は甚大な人的被害をこうむったはずである。校舎の廊下はゆがみ、窓ガラスは一枚もなく、屋根瓦も吹き飛ばされていた。そして教室の机には無数の爆弾の破片が突き刺さり、教科書や事典を引き裂いていたのである。

この時、国民学校高等科は勤労動員中で不在と考えられ、残った初等科児童の中で、六年生男子だけは別行動をとっていた。当日、彼らは午前七時三〇分に松根油掘りのため平田山の松林で作業を始めており、「警戒警報」でもその場を動けなかった。そして「空襲警報」で古洞窟に避難、学校方面に黒煙を認めたものの空襲後に作業を再開しようとしたが、学校付近の救護・復旧のため下山の要請があり、一一時ごろ学校へ急行したという。

この体験者の小泉町の北川公徹さんによれば、まず学校よりも被爆者の救助が優先されたが、あまりの惨状に同級生の九名が気絶してしまったそうだ。即死八名、重傷者二名が後で死亡しての爆死者一〇名となっているが、六年生の児童たちの救助状況を北川さんは次のように書いている。

「○けが人の救助　田んぼ、用水路、道路、建物内等で、爆弾の破片や爆風等により手や足をもぎ取られた人、破片が身体に刺さりもがいている人などを優先的に助け、医師の下に連れて行きました。」

「○死者の確認と搬出　(A)田んぼで首を飛ばされて死んでいる人　この場合誰かわからないため首を捜し胴体と照合し、同一人物であることを確認し、四名搬出しました。(大変な作業でした。田んぼはぬかるむし、首は高い樹木にひっかかっていたり、田んぼの泥の中にあったりで捜すのに苦労しました)　(B)胴体をえぐられ内臓が飛び出し二名即死　これらの人の内臓をある程度腹の中へ納め、仮縫いをして搬出しました。（C）その他爆風に飛ばされ二名即死」

（『わが郷土　小泉のあゆみ』小泉町史編纂委員会編　二〇〇二年）

八名の即死の状況についての詳細な記憶である。戦中の男手がほとんどない空爆の現場では、まだ幼い国民学校六年生たちが救助活動をしなければならなかったのだろうか。ちぎれた首を集め、飛び出した内臓をおしこむ子どもたちの作業は想像を絶する。同級生九人が気絶したというのも無理はない。またけが人について「駐在所の横の農協倉庫前には、むしろを敷いた上に、男の人が横たわっていた。顔は真っ白で、腕も片方なかった。私は再び恐怖に怯え、体中の震えが止まらなかった」と、まだ小さな三年生だった藤本誠二さんは体験集に書いている。

これが「戦場」と化した彦根の姿であり、その真っ只中にいた城南国民学校の子どもた

朝日新聞社が発行していた『週刊少国民』

ち、救助活動の六年生と惨状を目の当たりにした下級生の心の傷はいかばかりであったか。当時の子どもたちに求められた「少国民」の実態がこの惨状であった。現代と違って後日の心のケアなど何ら考慮はされなかった。「戦場《いくさば》ぬ童《わらび》」は沖縄だけのものではなくなっていたのである。

戦意高揚の新聞報道

先にあげたサンケイ新聞の記事の犠牲者名は、おそらく『彦根市史』と空襲当時の新聞、地域の記録を元にしたと考えられる。実は当時の新聞はほぼ正しくこの六月二六日の彦根空襲の犠牲者名を報道している。ただこれは極めて珍しく、七月下旬の県内各地の空襲の方ではまったく正しい報道はされていない。むしろそこでは被害を隠蔽したという方が当たっている。

なぜこの六月の彦根空襲は例外的に正確に報道されたのだろうか。その答えは、前述したとおりこの空襲が不慮の事故的空爆で、被爆地点がB29の目標ではなかったことにある。アメリカ側の思いもかけない爆弾投下（落下）地点は軍需施設でも市街地でもない田んぼとなり、結果として農作業中の一般市民が犠牲となってしまった。軍事的な被害ではなく、機密事項ではなかったから報道への統制はほとんど必要なく、一〇名程度の一般市民の犠牲は県民の不安材料ではなく、むしろ「鬼畜米英」の非道を宣伝する格好の材料と判断された。県民の戦意高揚にはうってつけの報道材料だったわけである。圧倒的劣勢の中、本土決戦にむけ国民の士気をたかめるため、六月の彦根空襲の犠牲者は情報操作に利用された。

七月二八日早朝の長浜空襲も犠牲者名が、この七月下旬の艦載機空襲では唯一新聞報道されている。七月の滋賀県内の空襲は、その対象が基地、軍需工場、そして駅や列車で、その被害すべてが軍事機密であった。軍の本土決戦の作戦上、武器の供給・輸送や兵士の移動に関わる記事は書けなかったし、基地への攻撃も一切報道できなかった。しかし長浜の空襲は、軍需工場の鐘紡長浜工場への艦爆一機による空爆ではあったが、工場への被害は少なく、犠牲者が現場作業の工員でなく監視哨《かんししょう》役の一人であったことから、最前線の「戦死」扱いで実名報道されたのである。特攻隊員の遺影が連日新聞報道されたのと同じく戦意高揚への利用であり、そこには命の重さと慰霊や追悼の意味合いはまったくなかったと言えるだろう。

米原操車場を攻撃せよ！

岩脇山機関車避難壕

アメリカ軍が戦後作成した「空爆目標索引」とよばれる空爆目標一覧表に、滋賀県内では唯一米原操車場がリストに上げられていたと『米原町史　通史編』は書いている。北陸線と東海道線が出会う米原は軍事上もきわめて重要な地点だったから、駅の施設も機関車も軍事基地や軍需工場と同様に空襲の目標となった。実際、列車は軍需物資を運び、乗客も兵士や動員学徒が最優先されていたから駅、線路や列車への攻撃はアメリカ軍にとって効果的で、それらは本土上陸の前段階としてどうしても空爆が必要な攻撃対象だったのである。

二〇〇九年に公開された米原市岩脇《いおぎ》山の機関車避難壕はこのアメリカ軍の空襲から機関車を守るために作られた本土決戦期の戦争遺跡ということになる。戦後、ゴミ捨て場になるという不運からほとんど埋没してしまっていたが、地元米原市岩脇の「まちづくり委員会」の藤本伝一さんらが米原市の支援を受けて整備を進め、ほぼ往時の状態に戻し一般公開にこぎつけた。その後も小さな整備は継続され、全国的にも珍しい戦争遺跡となっている。

岩脇山の列車避難壕

この壕は未完成のまま敗戦を迎えたが二本掘られていて、一本は一三〇メートルの長さで貫通し、もう一本は山の両側から途中五二メートルと五三メートルまで掘られ、高さは四メートルほどある。壕は上下を掘り進めたためひょうたん型になっていて、貫通する一本は下の部分は貫通しているが、上の部分は途中で止まっている。下を二メートルほどの高さで貫通させてから上の部分を掘りはじめたとも考えられるが、普通の二段掘りは安全のため上を先に貫通させてから下を掘る。未貫通のもう一本の壕を見ると下の部分だけでなく、上の部分も途中までの掘削で止まっている。つまり下の部分をある程度掘った段階で上の部分も掘り始め、上下二段を同時に掘り進める工法だったことがわかる。

上下２段掘りの壕内部

ダイナマイトの発破音を多くの人が聞いているし、ダイナマイトを差し込む穴も壕の壁に残っていて、トロッコのレールの枕木の鎹《かすがい》らしきものも出土している。発破した後、つるはしで掘り進め、トロッコを使って岩土を運び出すという作業だったらしい。このダイナマイトを使った上下二段同時の掘削法の場合、作業スピードは速いが、非常に落盤がおきやすく大きな危険をともなう。安全よりもスピードが優先される突貫工事で、一刻も早く完成させねばならない本土決戦用の壕だったと考えられる。

この防空壕の作業には地元米原の住民は一切関わっていない。それだけに実態がまったくわからず、着工時期も不明で資料もない。地元の人の間では「朝鮮人労働者が掘った」ということだけが語り伝えられている。朝鮮人労働者たちを使い、地元の協力を求めなかったのは、この作業が軍事機密であったからだろう。ただし伊香郡馬上《まけ》村の報国隊員三名が昭和二〇年七月一六日、三台の荷車とともに「米原駅防衛工事」に防空用品と昼食持参で動員された記録があるから、こうした形の遠方からの動員が関わった可能性は否定できない。

「避難壕」とは言うものの、この上下二段工法は鉄道のトンネル掘削の方法である。戦争末期に本土決戦用に地下工場や地下司令部、地下壕が各地に無数に作られていた。これらの地下壕建設は軍事機密であり、トンネル掘削と同じ工法の作業であることから鉄道建設の運輸通信省鉄道総局が多くを担当したようだ。そして米原近辺では、鉄道のトンネル掘削作業を多く手がけていた岐阜の地方施設部（のちの国鉄岐阜工事局）もその任にあたっていた。四五年一月二五日運輸通信省に地下建設本部が設置され、地方施設部でも熱海、岐阜、下関に地下建設部隊を設置、岐阜は第二地下建設部隊となった。通称「タチソ」とよばれた大阪の高槻地下倉庫工場も実は岐阜の地方施設部の担当だった。

終戦時、岐阜地方施設部鉄道戦闘隊には「高槻地下建設隊」「楽田《がくでん》地下建設隊」「平牧地下建設

隊」「富士・大井川橋梁防衛隊」「長良・揖斐川橋梁防衛隊」「土岐津《ときつ》地下工場隊」があったが、これらとは別に「豊橋機関車防衛隊」「稲沢機関車防衛隊」「米原機関車防衛隊」が存在した。この三つの隊は高槻などのほかの隊よりも小規模なためか、隊長が置かれず「副隊長」が指揮している。これは四月二七日閣議決定の『国民義勇隊ノ組織運営ニ関スル件』にある「国民義勇隊ニハ通常副隊長ヲ置キ適格者ヲ之ニ起用」という項目に該当し、職場の義勇隊的組織がこの防衛隊の前身であったことを示している。米原機関車防衛副隊長は伊藤伊織氏になっていた。『岐阜工事局五十年史』（一九七〇年）には米原の機関車防衛隊は名称とこの副隊長名のみでその作業実態は一切記述されていない。しかしほかの地下建設隊や地下工場隊が地下トンネルの掘削工事を担当していたことから、この米原機関車防衛隊の任務の防衛工事は、岩脇山の機関車避難壕のトンネル掘削であったと考えてまず間違いはないだろう。

ここでいう鉄道戦闘隊とは六月二三日に公布された『義勇兵役法』による国民義勇戦闘隊のひとつだが、陸軍大臣が七月二三日にその組織を発令し、八月一日に編成が終了したもので、まさに「本土決戦要員」で本来任務は「戦闘」協力のはずであった。

『国鉄の空襲被害記録』の参考資料にある鉄道総局当直員の記録の中に、この鉄道戦闘隊についての記述がある。

七月二五日　鉄道義勇隊戦斗隊名簿に記名捺印した。

鉄道義勇隊戦斗隊編成完結式が宮城前広場で行われたのは暑い八月一日の午後であった。参謀総長が来臨し、鉄道総局長官が騎上から鉄道義勇隊戦斗隊編成完結を宣言し、運輸大臣の訓辞があった。課からは、S・Iら一一名の課員が参加した。式は一時間半で解散した。式場で落馬の事故があった。

しかし「義勇隊」そのものは地域や職場を単位に五月段階から各地で組織されていて「義勇戦闘隊」はその流用・移行となることになっていた。『日本国有鉄道百年史年表』では一九四五年五月二五日に「鉄道機動隊結成」とあって、これが「国民義勇隊」「鉄道義勇隊」にあたるもので（あるいはこの「鉄道機動隊」は「鉄道義勇隊」の誤りかもしれない）、この組織がそのまま鉄道戦闘隊に移行していったものと考えられる。そして各「義勇隊」の通常職務の遂行はそのまま八月の「義勇戦闘隊」でも続いていたはずであるから、『岐阜工事局五十年史』でも終戦間際の鉄道戦闘隊が「建設工事」「防衛工事」を担う説明になっている。もちろんアメリカ軍の上陸で本土決戦となれば沖縄戦同様の戦闘協力任務となったであろうことは言うまでもないことなのだが、終戦時でも防衛工事が継続中だったことになる。

『岐阜工事局五十年史』の高槻や平牧の地下建設隊の特殊工事の説明では、そのトンネル工事のほとんどにおいて「間組《はざまぐみ》」「飛鳥土木」などの請負業者が朝鮮人労働者を使役している。地下建設部隊は一月発足だが、実際の測量や準備は大阪の高槻が四四年九月から、岐阜の楽田は一一月からはじまっていてかなり早い。したがって地下建設隊の発足もかなりの部分は実質的には始まっていた地下工事の組織の移行で、たぶんに名目的なものだったと考えられる。ただ「本土決戦」用の秘密作戦というインパクトはあっただろう。岐阜の平牧では二月から調査測量が始まっている。しかし土岐津は六月一八日の浜松工場空襲が契機で建設が計画された（未着工で終戦）ようで、滋賀の米原機関区の場合もおそらくそのころから計画・着工された可能性がある。そして、やはり米原でも請負業者による朝鮮人労働者の雇用であったのだろう。

豊橋や稲沢でも機関区の防衛工事が行われたはずなのだが、米原のような壕の掘削などの跡は確認できない。各地の機関区では機関車の掩体が作られたという証言があるが、トンネル壕以外の形態の掩体があったのかもしれない。とするならば、米原機関区だけが避難壕の掘削という大工事をやったことになる。地形の関係からかもしれないが、何よりも米原を最優先して着工したとも考えられ、米原機関区の工事が戦争末期、本土決戦期の最優先の突貫工事であった可能性がある。それだけ米原機関区が重視されたわけで、軍事上米原機関区の持つ意味は、今考えられる以上に大きかったのかもしれない。

米原空襲

『米原町史　通史編』では入江小学校の学校日誌から昭和二〇年度の警戒警報と空襲警報の回数が月ごとにカウントされている。それによれば、空襲警報は五月の一回が最初で、五月に始まる滋賀県の空襲と合致している。つづいて六月が七回であるが、七月に一気に二七回に増え、八月は六回となっている。この七月の突出した空襲警報の数の半分以上は、敵機動部隊からの艦載機空襲の波状攻撃と考えてよいだろう。

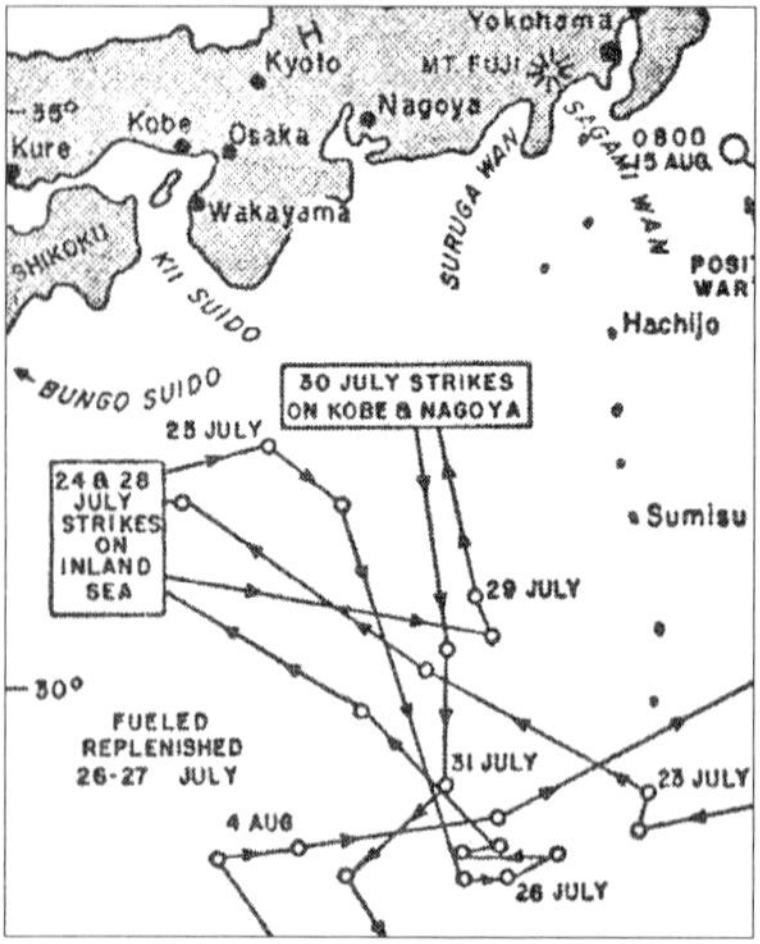

1945年７月の第38任務部隊航跡図（一部）
『写真が語る日本空襲』より

ただ米原駅空襲の県内の正確な記録はなく、町史は七月一〇日と一九日のP51の機銃掃射に触れつつも「米原駅に爆弾などを投下しての空爆があったとする記録はない」としている。あとは『近江町史』（一九八九年）が米原駅空襲の「六月二八日機銃掃射」とするグラマンの銃弾の写真を掲載している程度である。この日付は七月の可能性もあり検討が必要と考えられるが、彦根駅が艦載機に襲われた七月二五日、七月二八日、七月三〇日は隣接する米原駅付近が狙われても不思議ではなかった。

　実際、県内に公の記録はないものの米原空襲については複数の証言が得られている。七月二八日早朝には長浜の鐘紡も爆撃され一名が亡くなっているが、入江干拓地で機銃掃射を受けた、もと長浜農業学徒だった高田佐喜蔵さんが「この日、米原機関区と長浜の工場にも空襲があった」と証言していて二八日に米原駅にも空襲があったことがわかる（長浜市神照連合自治会編『貧しさが輝いていた時代』一九九五年）。また長浜市の西黒田公民館の郷土史研究会がまとめた『続西黒田風土記』（一九九八年）の年表にも日付が八月六日と誤っているものの「七時三〇分頃長浜鐘紡に爆弾投下、米原駅構内に爆弾投下す」となっていて、長浜空襲と米原駅空襲はセットで記憶されているようだ。『国鉄の空襲被害記録』もこの二八日に彦根―米原間の攻撃を記録していて、線路二〇〇メートル分　枕木一一〇本の破壊、損傷が記録されている。人的被害はほかの空襲被害と一括されていて不明であるが、犠牲者があったとする証言がある。

　彦根中学の学徒だった森雅敏さんは汽車で登校途中、米原駅構内に入る時に湯谷神社上空から降下して来たグラマンに銃撃され、客車から飛び出して土手に伏せたという（『記憶の湖　三』）。馬淵源太郎先生はその著『先生といわれて今』で通学途上での米原駅構内の空襲を証言され、米原駅前の井筒屋の宮川博司会長は当時一二歳だったが「米原駅の空襲は三回」と記憶されている。「機銃掃射で米原駅の地下道に飛び込んだ」という体験者の話もあるが、馬淵先生は空襲の犠牲

井筒屋会長　宮川博司さん

者があったのに公にならなかったと述べられ、宮川さんは米原駅前の診療所で機関士の遺体を実際に見ておられる。「右肩からの貫通銃創で左のわき腹の下が大きく傷口が開いていた」「機関車から汽笛のような音がずっと出ていた」と、機銃掃射による機関士の即死状態と機関車の釜を撃ちぬかれての蒸気噴出をかなり具体的に記憶されていて信頼性が高い。米原市の元教員の藤田和彦さんは敦賀の連隊へ入隊するために移動の際、「米原駅では敵戦闘機の機銃掃射を受け十数名の死傷者が出、機関車も運行不能となった」と体験文集に書いている。同じ文集で仲谷てるさんは醒ヶ井小学校の校舎半分は探照灯部隊が使用し、裏山にサーチライトがすえつけられたと書き、朝八時過ぎに米原駅をグラマンが機銃掃射するのを裏山から何度も見たとも書いている。

また県の「バーチャル平和祈念館」ＨＰで国民学校一年生の体験談を提供されている米原市の松村武温《たけはる》さんは、ＮＨＫ大津放送局の二〇一一年八月一五日放送の「おうみ６１０」の特集で「Ｂ29爆撃機が、蒸気機関車を執拗に攻撃していた。命中した爆弾で機関車が蒸気爆発し機関手が即死したり、線路に着弾して大きな蟻地獄のような跡ができたりしていた」と語っておられ、『舞台は米原駅』（米原町・まいはら鉄道フェスティバル実行委員会編　一九九九年）でも「機関区への不

ly destroyed. A roundhouse and a railroad locomotive at MAIBARA were damaged by rocket hits. Finding YOKAICHI Airfield open, two twin-engine aircraft on the field were burned and four twin-engine planes were

アメリカ空母「ベローウッド」戦闘報告書
米原での円形機関車庫と駅への攻撃が記録されている。

発弾の命中」「蒸気機関車の爆発」と書いておられる。また同書には元国鉄職員の藤居貞夫さんの「米原駅西指令扱所への機銃掃射」という記憶も掲載されている。松村さんの「B29」は明らかな「グラマン」の誤りだろうが、ほかは宮川さんの目撃談に近い。「不発弾の命中」も爆発しなかったからといって空爆がなかったとするわけにはいかないだろう。松村さんはまた空襲後、給水塔から噴き出す水や、家族で利用した鉄道職員用の浴場の天井が機銃掃射で穴だらけだったことなどを記憶しておられる。

　アメリカ軍の戦闘報告書を調べると、この七月二八日には確かに艦載機による米原駅の空襲が記録されている。

　米軍資料、空母「ベローウッド」の報告書によれば、七月二八日「第一エイブル攻撃隊」、グラマンＦ６Ｆ一一機が午前四時四六分発艦、名古屋平野を北上し、一隊が四機の零式水上観測機を今津で撃墜（特攻隊員が後日も含め七名死亡）、一一機は琵琶湖東岸へ引き返し、彦根近辺の工場を爆撃し、「米原の円形機関車庫と線路、蒸気機関車にロケット弾命中、ダメージを与え」、八日市飛行場を攻撃した後、紀伊半島、田辺湾へ向かっている。

　さらに七月三〇日にも午前四時三二分に発艦した、やはり「第一エイブル攻撃隊」

が、「米原でロケット弾で二両の蒸気機関車を爆破、さらに機銃掃射で米原近くの機関車、八日市近くの機関車を破壊」と記録している。

町史は空爆はなかったとしているが、少なくともアメリカ軍はこの両日の米原駅付近のロケット弾での空襲を公式に記録している。ただし、三〇日の記録は『日本主要都市戦災概況図』（国立公文書館蔵　一九九三年柏書房から『日本都市戦災地図』として復刻出版）の彦根駅の早朝の空襲と時間的にも合致し、アメリカ側が米原と誤認した可能性もある。「線路上の機関車」への攻撃とされているので米原駅構内でないことは確実だが、米原機関区よりはるかに小さな彦根駅付近が米原町のエリア内と判断されたのかもしれない。

宮川さんや松村さんが記憶されている機関士の犠牲は、米原駅前の診療所に遺体が収容されていることから「ベローウッド」のグラマンによる七月二八日の米原円形機関車庫空襲の時と考えるのが妥当なようだ。未明の空母発艦だから、馬淵先生の言う「通学時」の空襲にも合致し、「国鉄の空襲被害記録」が空襲後「全通午前一〇時四〇分」と書く七月二八日の状況にも合う。この時の米原空襲は「ロケット弾」の命中がアメリカ側に記録されているから、機銃掃射での瞬間的な通過ではなく、複数機の爆弾やロケット弾と機銃掃射での執拗な空襲であったはずである。

機銃掃射は任意で攻撃ができるが、爆弾やロケット弾は事前の目標選定が必要になる。つまり「米原駅、米原操車場を攻撃する」という明確な意思をこの攻撃隊は持っていたことになる。「駅」

という目標ならば長浜でも彦根でもかまわないはずなのに、二八日の早朝の艦載機空襲では彦根の工場とともにロケット弾は米原駅に発射され、しかも「円形機関車庫」と報告も具体的である。実はこの二八日昼にも彦根空襲があり、滋賀県側もアメリカ軍側も記録しているが、どちらも工場へは空爆があったものの鉄道へは「蒸気機関車への機銃掃射」と報告されていて爆弾は投下されていない。

朝の米原駅へのロケット攻撃は、おそらくグラマンの搭乗員が当日米原駅に蒸気機関車を確認したことと、「米原操車場」が空爆リストに入っていることを認識していたからかと思われる。少なくとも二八日の「第一エイブル攻撃隊」の空爆の攻撃目標の中に確実に米原駅は入っており、犠牲者もあったととらえるべきだろう。にもかかわらず「米原への空爆の記録はない」と片付けられてしまう原因は、米原駅の軍事的な重要性からくるその被害の軍事機密性にあったといえる。もちろん伊丹万作が言うところの「だますための」民間組織の暗黙の協力もあったはずである。

空襲の被害や犠牲者があっても軍の圧力によって隠蔽され、「話すな」「聞くな」「話題にするな」という地域住民の空気の中で記録もされず、知らされず、忘れ去られていくという悲しい構図が出来上がっていた。そこではあったことがなかったことになってしまうことが、まるで普通だったのである。

米原の建物疎開と高射砲

あまり知られていないが、前述したように米原町でも第一次の建物疎開が実施されていた。郷土出版社の『湖北の今昔』（二〇〇三年）に掲載された米原駅前の古写真の解説にわずかに疎開の説明があるほか、某ブログに「米原駅前の母の実家が建物疎開で壊された」とあり、松村武温さんも「戦争が激しくなると、米原駅周辺の民間建築物の取り壊しが行われた。学校の運動会用の綱引きロープで、街の人々の手によって涙ながらに引き倒された光景が、当時国民小学校一年生だった私の脳裏に焼き付いている」と語っておられる。

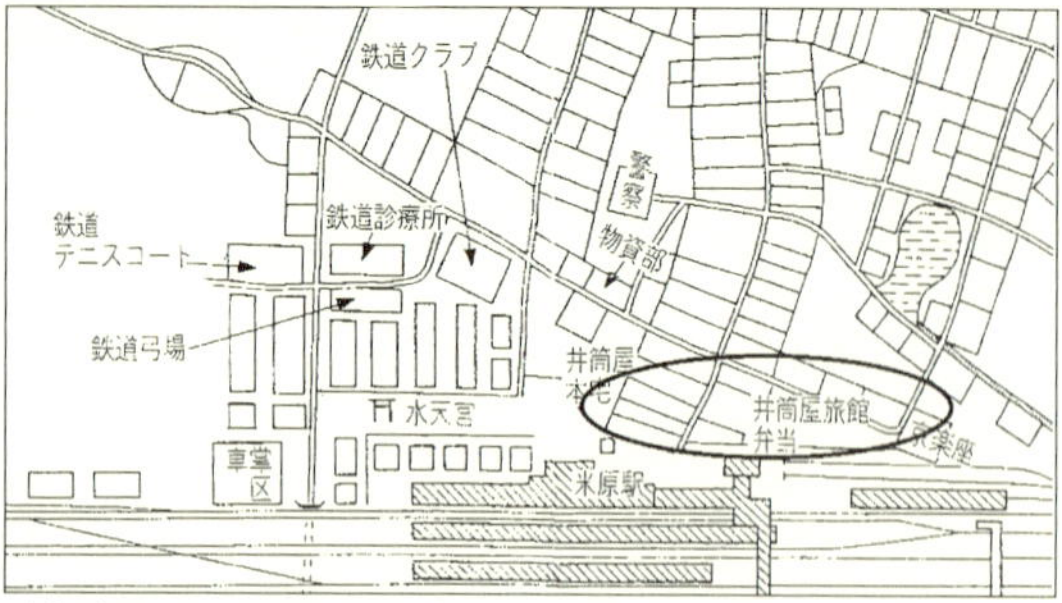

建物疎開前の米原駅前図（『米原町史　通史編』より）に加筆

「井筒屋」会長の宮川博司さんの証言によれば、米原駅前の建物疎開の範囲は一番ホームから五〇メートル分で井筒屋の本宅や旅館、弁当部などと民家が何軒か取り壊された。娯楽の場であった「京楽館」という劇場も取り壊されたという。民家もほとんどが井筒屋の地所だったようだ。駅前の水天宮や鉄道の施設は残されたが、立ち退きの補償もほとんどなく、ほどなく終戦となっただけに宮川さんは悔しい思いをしたそうだ。

　そしてこの米原駅前の建物疎開作業の労働力には、報国団や町内会（義勇隊）だけではなく連合軍捕虜が加わっていた。梅ヶ原の俘虜収容所の連合軍捕虜（オーストラリア兵、アメリカ兵、イギリス兵、オランダ兵）が五月に大阪から移動（疎開）させられ、入江内湖の干拓作業に当たっていたからである。井筒屋旅館はとりわけ大きい建物だったから、宮川さんの記憶にはこの捕虜たちの作業の印象が強いようだ。

　旅館業と弁当仕出業を営んでいた井筒屋は、昔の写真を見るかぎり旅館だけでも相当な敷地で民家四～五軒分はありそうである。それゆえ井筒屋にとってこの終戦直前の建物疎開の痛手はかなり大きかったに違いない。今で言えば五階建てのビルが強制的に破壊されるようなものである。宮川少年がくやしがったのも無理はない。

疎開前の旧井筒屋の建物

　戦後この駅前の疎開空間は闇市が立ったあと、住民の犠牲を町が利用した形で、駅前広場に転用された。今は東口となってまったく面影がないが、長浜行きや彦根行きのバスが発着した私たちの子どものころの米原駅の駅前広場は、ある意味戦争遺跡だったことになる。

　また建物疎開作業が実施されたころには米原駅東方の太尾《ふとお》山の

南の山頂に高射砲がすえつけられたようで、おそらく七月末の空襲を受けての対策措置だったらしい。それまでは駅の西の賀目《がめ》山の丘に高射砲があったが、艦載機空襲の激化からより高い太尾山に移動させたのかもしれない。早くから配備されていた賀目山の高射砲も明らかに米原駅をピンポイントで防御するためのもので、この駅の軍事的な重要性を物語っている。

宮川さんのお話では軍や鉄道は米原駅跨線橋《こせんきょう》の落下を恐れたのだそうだ。空襲によって跨線橋が落下すると東海道線も北陸線も不通になってしまうからである。ほかにも鉄道電話や機関車への給水のための水道など駅近辺には重要な施設が多かった。しかし太尾山に高射砲をすえつけて以後の米原駅空襲はピタリとなくなったという。「高射砲設置をアメリカがキャッチしたからだと話題になった」そうだが、実際は敵機動部隊が近畿・東海を離れて関東に向かったため、八月からは米原駅の艦載機空襲はアメリカ軍としても不可能になっていた。

いずれにしろ、機関車避難壕、艦載機空襲とその犠牲、建物強制疎開、高射砲設置と米原駅周辺はあわただしい本土決戦体制の夏の日々を強いられたのである。

大津と守山の艦載機空襲

「大津飛行場」空襲

大津の空襲は一九四五年七月二四日の東レ石山工場への模擬原爆パンプキン一発の投下が最初である。六月の彦根空襲同様「まさか大津が」という思いが大津市民の一般的な心情であったことは前著にも書いた。大津市が戦場と意識されるのはこの日からとも書いておいた。そしてそれは本土決戦前哨戦というよりも、むしろ「核戦争」の幕開きとも言うべきアメリカ軍の作戦であることを指摘しておいた。

もちろん軍需工場破壊という目的もそこにあったればこそ、無酸素魚雷製造の東レが狙われたのだが、他の都市の絨毯《じゅうたん》爆撃のような空襲は、通常爆撃が禁止された京都に隣接しているために大津市は受けることがなかったのである。

しかし本土決戦目前の艦載機空襲となると話は別であった。アメリカ軍は上陸作戦を円滑に進めるため兵器工場、軍事基地、鉄道を徹底的に破壊しようとした。そしてこの軍需工場のほか、大津市は海軍の基地を二つ、陸軍の少年飛行兵学校を一つ隣接して抱えていたから明らかにアメリカ軍の標的となった。このことは大津市に疎開していた大阪の国民学校が、この年の春から再疎開となったことにも関係している。

米軍資料、空母艦載機の戦闘報告書ではこの大津の陸軍と海軍の飛行学校、航空隊のエリアは「大津飛行場（Otsu A/F）」と一括して呼ばれている。別所から唐崎までをまとめてそう呼んだのである。そしてただの地名でなくそうした呼称がアメリカ軍に使用されたということは、そこが攻撃目標だったからに他ならない。それは通過中についでに攻撃というような空襲対象ではなかったことを物語っている。

この「大津飛行場」が最初に攻撃されたのは、県内の資料を見るかぎり七月二八日の昼であった。唐崎の滋賀海軍航空隊で訓練を受けた第十六期甲種飛行予科練習生の記録『至純の絆』に集められた練習生の日記の記述には、この日何人もの練習生が「グラマンの初空襲」を記録していた。そこには京都へ向かうグラマンの編隊が反転して、航空隊の基地を機銃掃射したことがつづられている。

「昼休グラマン四機が格納庫めがけて突っ込んで来た。あの時は見ていたがびっくりして防空壕の中へ四ツ這ひになった。零戦がやられたらしい。」

「一二四五帰隊せしが、丁度敵小型機十機来襲、直ちに退避す。」

さらにはこの時初めて「戦争」を意識したという記述もある。

「私は直接敵機に狙われなかったとはいえ、目の前で我が航空隊が敵機に銃撃されるのを初めて見て、戦争というものをわが身で感じることができた。」

予科練十六期といえば、その多くは一五、六歳の少年たちだったはずである。多くの少年たちはおそらくこの時、初めて敵の攻撃を目の当たりにしたのかもしれない。

アメリカ軍の資料からもこの七月二八日の滋賀海軍航空隊の艦載機空襲は確認できる。空母「ベローウッド」の報告書にはこの日、一〇時一五分に発艦したグラマン一〇機の「第四エイブル攻撃隊」が、京都の小倉飛行場の攻撃とともに「大津飛行場」で一機だけ視認できた単発の日本機に機銃掃射を浴びせたことを記録している。これが甲飛十六期生のいう零戦かもしれない。

実は大津陸軍少年飛行兵学校の十八期生の記録の「行動記録表」には七月二七日に「艦載機による銃撃及びロケット弾攻撃を受く」、三〇日に「再度銃撃を受く」と書かれている（『千石岩』）。しかし二七日の艦載機空襲は機動部隊の位置から不可能で二八日の誤りと考えられ、さらにロケット攻撃は後述するようにアメリカ軍側が三〇日と記録している。ほかの資料からもこの小飛十八期生の戦後の空襲についての記録は記憶違いで前後が逆になっている可能性が高い。

七月三〇日の二度の大津空襲

七月三〇日に滋賀海軍航空隊が二度艦載機空襲を受けていることは確実で、滋賀空の十六期生は昼すぎの来襲で「総員退避」「午後の演芸会は中止」「機銃掃射」と日記に書き、午後三時半のこの日二度目の空襲を「爆弾炸裂」「機銃掃射」「ロケット爆弾か?」と記録、午後の基地の大きな被害を「夕方、復旧作業」と書いている。

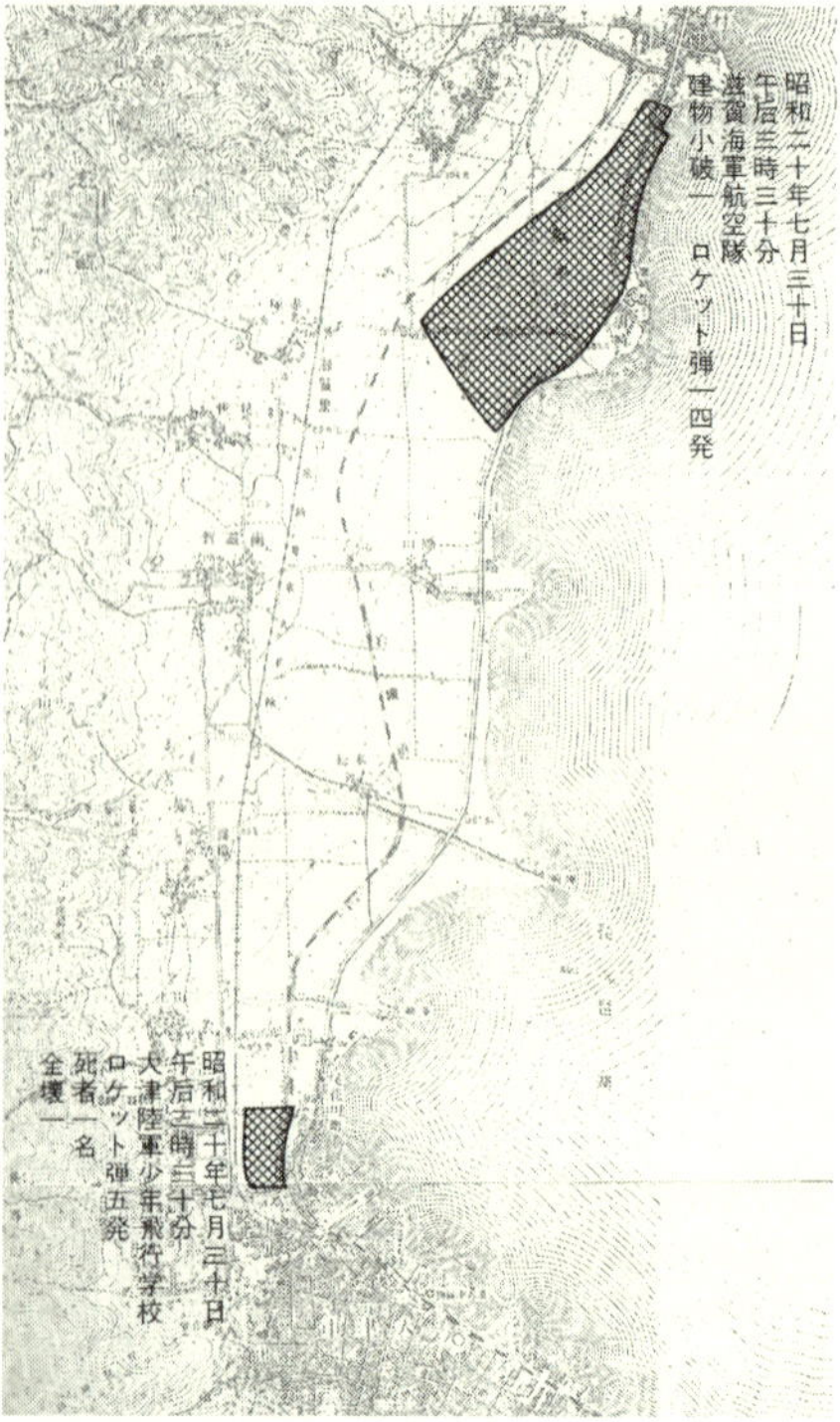

『大津市戦災概況図』（部分）

ところが滋賀県の記録、『新修大津市史』や『日本主要都市戦災概況図』（復刻版『日本都市戦災地図』）では大津陸軍少年飛行兵学校への攻撃（ロケット弾五発）と滋賀海軍航空隊への攻撃（ロケット弾一四発）がともに一五時三〇分となっていて昼前後の攻撃が記録されず、滋賀海軍航空隊への空襲がこの日一回になってしまっている。

くどいようだがアメリカ軍の資料では、この七月三〇日空母「ハンコック」の艦載機は二度「大津飛行場」を空襲している。

はじめ「第四エイブル掃討隊」（隊長A．G．ベッカー大尉）の「コルセアF４U」四機が一〇時〇九分発進、目標「大津飛行場」上空に一一時一五分到達、攻撃後、帰投が一四時一五分となっている。もう一隊は「第六イージー掃討隊」（隊長F．W．ボーエン大尉）の「コルセアF４U三機」と「グラマンヘルキャットF６F」四機で一四時〇〇分発進、目標「大津飛行場」上空一五時一五分、帰投は一八時三〇分である。この隊の報告では「京都飛行場と日本国際航空工業」「大津飛行場」の空襲後、「守山駅と機関車」を攻撃している。

つまり「第六イージー掃討隊」の四時間前に発進した「第四エイブル掃討隊」の報告には「大津飛行場」を目標に「五〇〇ポンド爆弾三発を投下し、工場と格納庫へ二発が直接命中、一発がエリア内に着弾。機銃掃射とロケット弾一六発、命中五発の攻撃を行い大きなダメージを与えた」と記録されているにもかかわらず、この空襲は滋賀県側では把握されていないことになる。

「ロケット一六発、五〇〇ポンド爆弾三発で大きなダメージ」と米軍側が記録する攻撃がどこにもなかったはずはない。そこで考えられるのが『新修大津市史』『全国主要都市戦災概況図』が大津陸軍少年飛行兵学校への空襲を一五時三〇分としているのが誤りとする考え方である。距離的に近いために異なる時刻の攻撃であったにも関わらず一連の空襲として、滋賀海軍航空隊と同じ時刻の攻撃として誤って記録されてしまった可能性は高い。

一〇時発艦の「第四エイブル掃討隊」の照準点が別所の大津陸軍少年飛行兵学校の方で、爆弾・ロケット弾で別所方面を攻撃後、唐崎の滋賀海軍航空隊は機銃掃射だけで終了。米軍報告では「西から東へ」の攻撃となっていて、まず大津陸軍少年飛行兵学校が最初の目標になる。少年飛行兵学校の『戦災概況図』に記載された被害の「ロケット弾五発」というのも、「第四エイブル掃討隊」報告の「ロケット弾五発命中」と重なるのではないだろうか。

そして大津陸軍少年飛行兵学校の元教官だった河田秀夫さんが朝日新聞の取材に学校への爆撃が「将校集会所での昼食後」と答えられ、県の「バーチャル平和祈念館」のＨＰでやはり元教官の尾形重男さんが「将校集会室での昼食中」「食堂からでてくる生徒たちに〝伏せろ〟と叫び……」と証言されていて、この別所の艦載機空襲が昼頃であったことを示している。少なくともこのお二人の証言は滋賀県が記録する「一五時三〇分の空襲」とは時間的に明らかに矛盾していて、むしろ昼前に上空に達した「第四エイブル掃討隊」の攻撃と合致する。滋賀海軍航空隊の十六期の日記にある昼一二時四五分の艦載機の機銃掃射もこの隊の攻撃にあてはまる。

こういったことから空母「ハンコック」の「第四エイブル掃討隊」のコルセア四機は昼頃に大津陸軍少年飛行兵学校を目標に攻撃を加えて大きなダメージを与え、その後滋賀海軍航空隊に若干の機銃掃射を加えたとするのが妥当なようだ。

従来、同時刻に（同じ隊の）攻撃を受けたとされてきた七月三〇日の大津の二カ所の艦載機空襲は、実は二波にわたる別の攻撃であったことになる。しかもそれは周辺の他県の空襲の帰還途中の偶発的な攻撃ではなく、最初から「大津飛行場」、一回目は大津陸軍少年飛行兵学校を、二回目は滋賀海軍航空隊を第一目標の照準とした意図的な爆撃作戦にほかならなかった。フェノロサの墓で有名な皇子山の法明院の柱には、この一回目の攻撃の爆弾の破片による傷が残っている。屋根を突き破って破片がふすまに穴をあけたり、ご住職の看病をしていた看護婦のお尻に刺さったりしたそうであるが、これは「照準点をはずした」爆弾かロケット弾によるものなのだろう。大津陸軍少年飛行兵学校の十八期生の記録では先に書いたように日付が「二七日」と

皇子山法明院の柱にある被爆痕

誤っているが昼の空襲とされ、この日のロケット攻撃から、学校では警報下の食堂使用や自習室での自習が禁止となっている。

午後三時三〇分の滋賀海軍航空隊への攻撃の方は、滋賀空の十六期生が日記に書いた「四時頃」「ポートシコルスキーF4とグラマンF6」「敵機七機」といった言葉が「第六イージー掃討隊」の攻撃報告とよく一致している。

「第三庁舎上空で一機の下部から、黒い塊が火を噴いて発射された。ロケット爆弾か？　私は瞬間、道端の草地の窪に飛び込んで腹這いになり、両手で目と耳を抑えた。光もなく音も消え、ただ全身で周りの現象を感じとろうとする。周りの草が物凄い勢いでなびき、突風が通り過ぎた。至近弾か。手を離して見ると、約二百米離れた第三庁舎が、見る影もなく壊されていた。」

「敵小型機が東方琵琶湖上空より侵入、北方より急降下し猛烈なる機銃掃射をし又爆弾も投下した。（中略）わが高射機銃陣地も猛然と火を吹いているらしく、ダダダ、ダンダンダン、ヒューンヒューン、ガン！　と非常にすごかった。又、爆風もほほをかすめた。大体三回位やって漸く遠ざかった。おそるおそる壕より出て見ると、第三庁舎の西半分はメチャメチャだ。配電所も倉庫もガラス窓が無い。兵舎に帰ってみると、まわりには機銃弾の穴が沢山空いている。幸いにも人員には異常なし。」

手記や日記には「第三庁舎、士官兵舎、第一兵舎、第二兵舎、第四炊事場、配電所、風呂場、バス停前」といった被弾地があげられているが、『日本主要都市戦災概況図』のロケット弾一四発の記録、「第六イージー掃討隊」の「爆弾三発、ロケット弾二六発」「照準命中七発」の報告と重なっていると考えられる。また隣接する大津海軍航空隊でも「ロケット弾でコンクリートの床に大穴があく」という手記の一部があり、これもこの掃討隊の攻撃に含まれているのだろう。大津海軍航空隊では機銃掃射で士官一名が重傷、滋賀海軍航空隊では軽傷一名となっている。

「於大津戦死」の墓碑

「於大津戦死」の墓標

「第四エイブル掃討隊」の報告が「照準点にロケット五発爆弾二発命中」「重大なダメージ」とする七月三〇日昼の大津陸軍少

年飛行兵学校への空襲では、県のまとめでは一名の女性、河田秀夫さんのご記憶では男女二名の犠牲者が出ている。このうち女性の方について、大津市穴太《あのう》の野添墓地にある「昭和二十年七月於大津戦死」という墓碑を手がかりにしてご遺族にお会いすることができた。

「大津で戦死」という少々インパクトのあるこの墓碑銘は、いくつかの意味を持っている。

第一に「大津が戦場である」という認識がそこにあるということである。もちろん市街戦でなく空襲を意味しているのだが、滋賀県といえども敵に殺される場であり、それはこの地がやがて本土決戦での戦場となることを想定させるような表現になっている。第二にこの墓碑は山本朝野さんという女性の墓碑で、非戦闘員の女性といえども敵に殺されるという決戦段階、もはや全国民が戦闘員という状況を物語ってもいる。そして第三にそれでもなお「戦死」という語は一般市民に使えない言葉であったこともこの墓碑銘は示している。墓碑の表は「陸軍々属山本朝野」となっており、山本さんは陸軍軍属として少年飛行兵学校勤務中に亡くなられた。軍属であったからこその「戦死」だったのである。

勤労動員の学徒たちも戦後になって「準軍属」の扱いを受けたが、同じ空襲死であっても工場の寮での犠牲は「戦死」だが、通勤の動員学徒の自宅での犠牲は「戦死」にならないという奇妙な混乱が最初に起こった。つまり動員学徒が同じ空襲で亡くなったとしても、一般市民の死と区別できない自宅での犠牲は「戦死」とはみなされなかったのである。

艦載機空襲で亡くなった故山本朝野さん　後列

国は軍人・軍属でない一般市民の空襲の犠牲を「戦死」とは扱わない。それは現代でも同様であり、だからこそ一般市民の空襲被害に対しての国家補償がなく、その差をめぐって裁判になっている。戦争末期、国民全体を戦闘員と位置づけながら、その死を差別し「戦死」と認めないという、矛盾した国家の姿がそこにある。

さてこの墓碑銘にあるように昭和二〇年七月の「大津での戦死」とすれば、二四日の東レ空襲か三〇日の艦載機空襲のいずれかなのだが、陸軍軍属であるなら三〇日の少年飛行兵学校空襲しかない。県の「バーチャル平和祈念館」のＨＰも「倉庫（靴などの修理工場）に落ちたロケット弾の被害により、坂本出身の女性一人が亡くなりました」としている。山本さんの「戦死」は三〇日の空母「ハンコック」の「第四エイブル掃討隊」による陸軍少年飛行兵学校空襲によるものとして間違いない。

山本朝野さんのご遺族は朝野さんの姪御さんで、兄嫁にあたるお母さんは朝野さんと年齢も近く仲がよかったとのこと。「朝野さんが子どもの面倒をよくみてくれた」「母親の加代さんが朝野さんを亡くしてから縁側で時折泣いていた」といったお話をなさっていたという。

朝野さんは大津陸軍少年飛行兵学校に軍属として勤務中、七月三〇日の空襲でカギの当番であったために作業場の倉庫からの避難が遅れ、爆弾（ロケット弾）の犠牲となった。朝野さんは当時二四歳で婚約者もおられた。最初ケガをしたという連絡で別所まで家族が行ったが、すでに亡くなっていた。飛行兵学校で葬儀が行われ、遺骨だけが坂本に帰ってきたという。

結婚を目前にした夢多き女性の未来は断ち切られ、そしてそれは遺体が戻らない「戦死」になってしまった。

墓碑は遺骨が帰ってそう時が経たないうちに建てられたようで、当時のお金で一八〇〇円ほど、兄はまだ復員前で、父の弥一さんと兄嫁さんの二人が立ち会っている。おそらく戦争は終わっていたと思われるが、終戦直後の苦しい生活の中でこれだけの墓碑を建てるのは大変ではなかったか。末子のしかも女性の墓碑である。そこに弥市さんと加代さんご両親の朝野さんへの深い愛情を感じずにはいられない。墓碑の裏面にはしっかりと「父　弥市　母　加代　建之」と刻まれている。

守山空襲の実態

前に述べたように七月三〇日一五時三〇分に滋賀海軍航空隊を爆撃した空母「ハンコック」の

At Moriyama all four planes attacked a locomotive and strafed the station. The locomotive was left steaming and smoking and was definitely destroyed.

AA fire was encountered at both Ogura and Otsu. At Ogura they ran into heavy AA at 13,000' which seemed to be coming from the vicinity of the hangers. It was accurate and moderate. No heavy AA was found at Otsu although some pilots reported automatic weapon fire.

アメリカ空母「ハンコック」戦闘報告書
守山での蒸気機関車と駅への攻撃が記録されている。

「第六イージー掃討隊」の報告には大津攻撃後の守山駅の空襲が記録されている。県のまとめでは死者一一名、負傷者二四名という大きな被害を出している。ただ犠牲者の氏名はほとんどわからず、わずかに栗太《くりた》農業の学徒だった徳谷《とくや》泰弘君一人が名前の判明する犠牲者として記録された。草津での勤労動員からの帰宅中の被災で、戦後ご遺族が国に援護申請をされたため『動員学徒誌　続編』（一九七二年）に名前が記載されたのである。

「敵機は列車めがけて急降下、これでもかこれでもかと前後五、六回にわたって機銃掃射をくり返した。最後には私たちの待避していた家をめがけてダダダダダッ、天井は穴があき、ガラスが砕け散る。……敵機は去った。すぐ汽車の情況を見に行った。機関士は即死。列車にも幾つかの弾を浴び、助けを求める叫び声、何ともいえぬ有様。線路で倒れている人々、足をえぐり取られ路にうつ伏せになっている人、人、それはそれは痛ましい。私は一生この事件を忘れることはできない。にくい敵の機銃掃射。今に見ろと私は空を仰いだ。」

（三島幸子さんの日記　三島佑一『昭和の戦争と少年少女の日記』東方出版一九九五年所収）

当日の女学生の日記が記すこの守山駅の空襲については一九七四年発刊の『守山市史』がかなり詳細に記述している。栗太農生の死や乗客の避難、救護本部となった太田病院での手足の切断手術の様子などかなり具体的で、遺体そのもので身元確認できたのは二人、あとは遺留品による確認だったことも書かれている。

「乗客は、駅前の栄久楼(寺田太郎左衛門方)に土足のまま逃げ込んだが、銃弾がそれて押入の中でその破片を受けた人もいた。太田病院で千葉の兵隊は手を、大津勧業銀行行員(女性)が足を切断した。火急のことでメスがないので隣で借りて来た鋸で草津の井上外科医が手術した。保健婦を玉津村から派遣した。柘榴のような負傷者は目もあてられなかった。」

どのみちメスだけでの切断手術は不可能であるし、太田病院は産婦人科であったから決して誇張ではないだろう。『小柿の歴史』(小柿の歴史を語る会編　二〇〇四年)では、女性の足の切断は西藤小児科の西藤医師の手術で、貫通銃創での敗血症を防ぐため、麻酔なしで駅近くの商店街事務所の玄関の敷居で行われたとしている。女性の悲鳴は商店街に響きわたった。読むだけでも痛ましい惨状である。『滋賀県医師会七十年史』(滋賀県医師会　一九五八年)にも当時の記録による救急措置の記述があり、措置終了は二三時五〇分となっているから空襲から実に七時間以上かかっている。重傷者五人を八幡病院へ、三人を大宝村西田病院に収容したとなっているほか「診療を待たず帰宅せる軽傷者」が相当数あったとも書かれている。さらに特に悲惨だったケースとして秋田県の母と子が京大受験の帰途に遭難、一人息子の方が腹部盲貫銃創にて出血甚だしく、苦悶のうちに開腹手術直前に死亡したという例が挙げられ、「母親の愁嘆実に見るに耐えなかった」と記されている。

守山市にお住まいの小島秀治郎さんはこの空襲の体験者で、犠牲者の徳谷君と同じ栗太農学校の学徒だった。守山駅で下車したために機銃掃射を逃れられたのだが、空襲のほぼ一部始終を目撃しておられた。小島さんはできうるかぎりの正確な記録を残したいという強い思いを持っておられる。

小島秀治郎さん

小島さんは守山空襲でのもう一人の栗太農生の犠牲者「深尾清和」君の名前を知らせてくださり、この深尾君の名前を始め、きちんとした守山空襲の記録が残らなかった悔しさを語られた。徳谷君は三年生、小島さんは一年遅れで入学したため二年生、そして深尾君が入学したばかりの一年生だったという。三人は草津駅から乗車したが、客車の扉のデッキにぶら下がっての乗車で客室内には入れなかった。室内は兵隊でいっぱいだったからである。沼津行きのこの列車には敦賀の連隊へ向かう兵士と浜松の高射砲部隊が乗っていたようだ。

守山駅で小島さんが下車し、列車が発車して約百メートルというところでグラマンの四機編隊が機銃掃射を浴びせた。機関車が撃ち抜かれて列車は停車、乗客は一斉に飛び出し付近の民家に駆け込もうとした。おそらくデッキの栗太農生二人は最初の銃撃で撃ち落とされたのだろう。頭と背中を撃たれての即死であったと思われる。あとから小島さんの母親が病院（救護所）に見に行ったら、徳谷君は顔がなかったそうだ。

グラマンの四機は今の琵琶湖大橋の方向で反転して三〜四回、列車とその周辺への機銃掃射を繰り返して飛び去った。「菱形の四機編隊」と小島さんは記憶されているが「第6イージー掃討隊」の報告には守山でD．W．ラム大尉率いるF6F「全四機が機関車を攻撃し、駅に機銃掃射を加えた」「機関車は蒸気と煙を吐き、確実に破壊された」と記録されている。爆弾・ロケット弾は全弾京都と大津で投下しているから機銃掃射のみの攻撃だった。報告では、攻撃は「機銃掃射」「〇・五インチ機関銃弾」となっている。

ただ同じ掃討隊のF4Uコルセア三機編隊の「守山」での機関車攻撃も攻撃一覧に含まれている。しかし「駅」の攻撃とは別になっているため、こちらはほぼ同じ時間帯の近江八幡駅手前の篠原付近での下りの機関車空襲を指す可能性もある。農作業中の女性が犠牲となった。この三〇日午前中には彦根や八日市、能登川、安土といった近隣の艦載機空襲があったため、昼まで警報が出ていたが、午後に解除になって農作業に人々が出ていたのである。この女性のご子息の北川庄治さんは、県の『記憶の湖　三』の証言で「機関士が死にはった」と証言されている。

県のまとめでは近江八幡駅南の空襲では北川さんの母親の「死者一名」なのだが、同窓会対談で、草津の学校の先生が「安土のこっちで国鉄に勤めていたHの父親が空襲で亡くなった」と発言されていて、この機関士の方である可能性が高い。このご遺族からは詳しい場所の情報などはいただけなかったが、ご命日が「七月三〇日」であることだけは確認できた。草津の先生ならば、守山駅をまず「安土のこっち」と表現しないだろうから、この犠牲は近江八幡駅の南側の空襲の際の可能性が高い。体験者の証言ではほかにも重軽傷者がたくさんあったようで、この近江八幡駅近くの空襲もまた凄惨な状況だったようだ。

小島さんが守山空襲についてまとめられた資料では、県外の遺体がまとめて一寺院で荼毘《だび》にふされ、七名ほどであったらしい。犠牲となった父親の状況を尋ねて戦後、神奈川県からその寺院に訪ねてこられた方があったそうだ。ほかに県内の遺体が二体、別の寺院で荼毘にふされたという。医師会の記録には京大を受験した秋田県の学生が盲貫銃創で犠牲になったとあるし、近年、埼玉県からある遺族がみえられた事実もあるようだ。栗太農生二人の遺体が県内の遺体二体に該当するのかどうかわからないが、機関士が死亡したという証言もあるし、八幡の病院に搬送された守山の四歳の高橋寿美子ちゃんが後日死亡しているほか、足の切断手術を受けた「橋本さん」（女性銀行員か）や江州煉瓦の監視員（「金子さん」という女性）も後日死亡したという証言があり、『守山市史』は、一一名の死亡としているが、実際の犠牲者はもっと多そうである。一般に「守山の住民に犠牲者はいない」と言われてきていたが、小島さんたちは「事実と違う」と批判される。あいまいな記録で間違った情報が独り歩きをすることに我慢できないというのが体験者の小島さんの率直な心情だという。

傷ついた六地蔵と学童疎開

この守山のグラマンの機銃掃射で傷ついた地蔵像が、昔の守山女子工芸学校近くの墓地に現存している（本章とびら写真参照）。六体の地蔵像の上部が何カ所か欠けた状態で残され、グラマンの機銃掃射のすさまじさを今に伝えているのだが、二〇一一年夏に毎日新聞大津支局の加藤明子記者がこの地蔵像について小島さんに取材している。

「私が列車に乗せなんだら死なずにすんだかもしれん」。小島さんは自責の念を抱えてきた。二〇〇八年、知人の墓参りで訪ねた墓地で、その入り口に祭られた六体の地蔵菩薩を知った。あの銃撃で被弾し、右端の一体は頭部が欠けていた。墓地の管理人は「修復しないのは戦争の悲惨さを伝えるため。痛いやろうけど、辛抱してもらってるんや」。今も残る傷跡が、頭を撃ち抜かれた後輩二人の最期と重なった。

欠けた所が黒ずんでいるのは、被害を免れた人たちが「痛かったな、怖かったな」とさすっていくからだ。小島さんも散歩の途中に立ち寄っては手を合わせ、祈っている。「徳谷君と深尾君はまだ子どもやさかい、面倒見たってください」。（毎日新聞　二〇一一年八月一六日付）

小島さんの祈りの言葉には、無念さと後悔、悲しみと怒り、そしてなにより亡くなった二人の友だちへの優しさが込められているように思う。

この墓地横の守山女子工芸学校は当時、大阪の吾妻国民学校の学童疎開の疎開先であったことがわかっている。

四五年春、戦局の悪化によって四国に疎開予定だった大阪の此花区の学校の児童が別の区の学校へ籍を移して滋賀に疎開し、また大津の疎開校が守山へ再疎開という事実があった。この体験者の立木（中畑）喜代乃さんの五月の疎開先がこの守山の女子工芸学校だった。ここは前年栄国民学校の六年生の疎開児童の宿舎であったが、三月の卒業で空き校舎となっていたからである。当の女子工芸学校の女子学徒たちも近所の乗伸航空機製作所に動員されていてスペースが十分空いていた。

立木さんの体験文には、グラマン銃撃で負傷した兵隊が下の階に運び込まれていたことが出てくる。ここもまた救護所となったわけであるが、件の地蔵像はこの校舎の敷地のすぐ東にあった。銃撃に傷ついた地蔵像たちはことによるとすぐ横の疎開児童の子どもたちの身代わりになったのかもしれない。さらにこの工芸学校の西にある乗伸航空機製作所も人的被害はなかったものの激しい銃撃を受けている。旋回しての二度目以降はむしろこの工場を狙ったのではないかと小島さんは述べている。グラマンの標的の列車とこの工場の間に挟まれて立木さんたちの疎開宿舎があったということになり、この疎開児童たちも、また工場動員の工芸学校の女子学徒たちもこの日、「生」と「死」は紙一重のところにあったことになる。

特にこの立木さんたち吾妻国民学校からの疎開児童たちは、四国へ疎開するはずだったのに海路が危険となったため、他校に転籍して滋賀の大津への疎開が決まり、その大津がまた危険なため転籍先の学校が守山へ再疎開した結果、この宿舎に疎開が決まったという経緯がある。

戦後長く、立木さんは「大津」に疎開したと思い込んでいた。それは四五年春の出発までは間違いなく「大津へ疎開」予定だったからである。家族も春に三年生になる本人もそのつもりで準備したはずである。しかし四月に突然、空襲を避けて大津の疎開校の一部が守山へ再疎開となったため、急遽吾妻国民学校（転籍して栄国民学校）三年生の疎開先が、この守山女子工芸学校になったのである。幼い立木さんは疎開中もその場所を「大津」と信じて疑わなかったのだろう。

吾妻国民学校三年生は危険を避けて転籍疎開し、さらに危険を避けて再疎開したその結果がグラマンの機銃掃射という皮肉な経緯となったわけで、もしも犠牲者が出ていたら機銃掃射を浴びるために疎開したも同然という痛ましい結果になってしまうところであった。

かくされた空襲

「学校へ行っても、何があったかを言うことはできませんでした。何か言うと、憲兵隊に引っ張られるからです。だから、守山駅の列車襲撃の犠牲者が何人であったかなど、私たちが知ることはできませんでした。」（西木とし子さん『記憶の湖　八』）

空襲の被害や犠牲がいかに大きかったとしても、当時は箝口令《かんこうれい》の無言の圧力がそこにあった。本土決戦をひかえた当時、石炭や武器・食料などの軍需物資輸送、そして兵士の国内移動の手段としての鉄道は米軍にとって重要な攻撃目標であったが、その軍事上の重要性ゆえにその被災状況は国民に隠蔽された。特に機関士や兵士の犠牲は徹底的に隠された。新聞発表は「被害なし」「損害軽微」でかたづけられ、被害の実態は軍事機密として表に出なかったのである。同じ七月三〇日の大津少年飛行兵学校も滋賀海軍航空隊も、当然その空襲被害は闇に葬られ、一般県民の知るところとはならなかった。

だからこそ、二波にわたる空襲が誤って一回の空襲と記録され、犠牲者の名前やその数は不明

してしまった。

のまま放置され、艦載機の空襲が「B29」による空襲と間違って認識されるような状況になってしまった。

戦中の「士気高揚」「防諜対策」「軍事優先」の体制、報道管制が空襲被害の記録を曖昧にしたことは間違いがない。あまりにも命の重さが軽い時代であったがゆえに、その扱いも杜撰だったのである。しかしそれだけが空襲記録の曖昧さの原因ではなかった。

戦後しばらくアメリカ軍による被害を声に出せない時代があったということもあるだろう。ただそれよりも日本政府に空襲被災者の被害補償という姿勢がなかったことの方がはるかに問題としては大きい。もしあの時積極的に空襲被災の補償を国が進めていたら、その実態はもっと正確に記録されたに違いない。しかし、政府はその道をとらず、国民を戦争に引きずり込んだ反省もないまま、空襲被災は等しく国民の「受忍」すべきものという基本姿勢は戦後一貫して崩れていない。

第三章

特攻作戦と比叡山「桜花」秘密基地

破壊後の比叡山「桜花」カタパルト

「やましき沈黙」の果て 「一億総特攻」

海軍甲種飛行予科練習生

日本軍は陸軍も海軍も、徴兵とは別に志願による少年兵の養成の機関を早くから持っていた。陸軍少年飛行兵と海軍飛行予科練習生がその代表格なのだが、戦争末期にはその学校、練習航空隊のどちらもが、「特攻隊」の養成機関になってしまった。昭和十八年、十九年に正式発足した別所の大津陸軍少年飛行兵学校も唐崎の滋賀海軍航空隊もその悲しい運命を逃れることはできなかった。大津陸軍少年飛行兵学校出身で、九州の知覧や万世の基地から特攻に飛び立った少年飛行兵は少なくないし、練習部隊の滋賀海軍航空隊も隊員のほとんどが特攻要員となった。また少し発足の早い練習部隊である際川《さいがわ》の大津海軍航空隊も特攻隊の中継基地となったが、さらには特攻隊そのものが編成されている。

そして歴史の長い八日市《ようかいち》飛行場も航空教育隊の基地であったが、四五年は特攻隊出撃の中継基地としての役割を担い、特攻隊が琵琶湖上の船などを目標に特攻訓練を行っていた。終戦時にもいくつもの特攻隊が待機状態であったという。

一九四二年（昭和十七年）後半、ガダルカナルの攻防に連動した海戦によって、日本海軍は一五〇〇人を超える母艦搭乗員を失った。ミッドウェーの敗戦から一方的に守勢に回り、日本の機動部隊は戦力を損耗《そんもう》させてきたが、四三年初めには搭乗員不足が危機的状況となっていた。海戦における空母を使った航空決戦の重要性は決定的となっていたが、そのための母艦搭乗員が不可欠であるにもかかわらず、特殊な母艦発着の技能を持った、そのかなりの部分を失ってしまったのである。このガダルカナル戦から四四年二月のラバウル放棄までの一年半のソロモン消耗戦での航空機の損失は実に七〇〇〇機以上に上った。

『写真週報』
（内閣情報局編集　1943年９月15日発行号）

当然母艦搭乗員の養成は緊急課題となったのだが、その養成は陸上発着の搭乗員よりも訓練内容が多く時間がかかる。海軍はそのため短期に養成が可能で、しかもその募集対象人数が多い甲種飛行予科練習生の大募集を一九四三年（昭和十八年）度から開始した。甲種とは中等学校四年在学中から志願対象とする予科練習生のことで、小学校高等科卒から対象となる乙種よりも知力・技能ともに優位として、養成期間が短かったのである。しかもこの四三年からは中等学校三年在学に対象年齢を引き下げ、さらに訓練期間の短縮も行われた。ミッドウェーの敗戦以降、大鑑の建造が難しくなり、海軍の予算が航空本部に転用されたこともこの予科練大募集に影響したらしい。

四三年六月には『学徒戦時動員体制確立要綱』により、「有事即応態勢」として中等学校三学年程度以上の男子学徒に「戦技訓練ヲ徹底」し、また航空、海洋、機甲、馬事、通信などの「特技訓練」と「防空訓練」を徹底することが求められ、よりいっそうの学校軍隊化がはかられている。予科練募集の基盤作りであるとともに、国民の総動員体制の一環とも言えそうである。

前年、四二年に採用された甲種飛行予科練習生は約三二〇〇人であったのに対し、この四三年に採用された人数は、何と二万八〇〇〇人にのぼった。前年に対して一〇倍近いこの年の練習生が一三期目にあたり、「甲十三期」「甲飛十三期」と呼ばれている。

ただこの十三期もそうすんなりと応募したわけではない。中学校の五年生はそれぞれの希望する進学先があったし、同じ軍人になるのであっても士官になれない予科練は敬遠されがちであった。このため軍は学校に圧力をかけ、さまざまな勧誘策がとられたし、中学校に対する強制的な応募の割り当てもあったという。県内でも志願数が少ない学校の校長が軍に呼びつけられたという話が残っている。

四一年頃まで予科練をさけて陸軍士官学校や海軍兵学校を勧めていた膳所《ぜぜ》中の杉本一郎校長が、美保航空隊に呼び出されたのが一九四三年、陸海軍志願に不熱心として近江実修工業学校の村松七郎校長が八日市の憲兵隊に出頭させられたのは四四年二月であった。これらの措置が配属将校の報告によったことは明らかで、学校が軍の支配下にあることを如実に物語るとともに、現役将校学校配属の究極の形を見せつける事件であった。

また伊香《いか》農学校では「父兄会」で在学中の子弟はすべて軍隊へ志願させる旨の決議が行われていた（『平和祈念文集』滋賀県健康福祉部社会福祉課編　一九九五年）。

予科練壮行
高島高校『高島高等学校創立80周年記念誌』より

こうなるともう「志願」ではなく「強制」であった。水口中学では予科練の試験を「受けない」と意思表示した生徒が特高上がりの教師に暴行され、神崎《かんざき》農（商業）では予科練志願をしない生徒を「お前は国賊だ」と教師が罵倒した。今津中学では予科練志願が何と学校から「指名」されたそうで、三年生全員が身体検査を受けた数日後、体格と目が良い生徒に「予科練を受験すべし」と強制的に言い渡されたという（毎日新聞社編『高校風土記　滋賀県立高島高等学校』一九七八年）。ただそこまでいかなくとも真面目な教師が熱心に予科練志願を説くことは、どの学校でも当時は普通のことであったに違いない。

一方、陸軍も下士官短期養成の特別幹部候補生の制度を甲飛十三期の大量募集にあわせるように四三年一二月に制定し、四四年から募集を始めていた。航空、通信、船舶兵などに多くの少年が採用されたが、そのかなりの部分が航空機や「マルレ＝四式肉薄攻撃艇」の特攻要員になっている。

四四年三月の『滋賀新聞』は「彦根中学では新学期から一段と強化される軍事教育に備へて学徒兵の訓練に主力を注ぐこととなり計画を練つてゐるが昨秋から軍人志望の生徒のみ特別の軍事教練を行つて成果を挙げたのでこの特別訓練を基礎にさらに旺盛な戦闘力の養成に重点を置いてお役に立つ日に備へるが既に在校生のうち五割が軍人を志望、特別訓練を受けて特幹、予科練めざして先輩に続かんとしてゐる」と伝えている（『彦根東高百二十年史』）。多分に戦意高揚の誇張があるとしても、もはや学校か軍隊か判別できない末期的段階をうかがわせる。

もともと海軍は志願兵の比率が高く、水兵、機関兵、看護兵、主計兵などの志願兵を一般から募集していた。これも町村ごとに割り当てがあったようで、東浅井《ひがしあざい》郡大郷《おおさと》村（現長浜市）では「昭和十六年度」の志願兵割り当てが七名だったのに対し、「昭和十九年度」のそれは一九名に増え、しかも「十六才未満　五名」「十六才以上　十四名」という指定だった。海軍は兵力の損耗をもう十代の子どもたちで補うしかなかったのである（吉田敏浩『赤紙と徴兵』）。

もちろん愛国心に訴えた教師の説得（場合によっては恫喝）に心を動かされる生徒たちも多かった。祖国の危急存亡の時、「尽忠」「愛国」を訴えられた少年たちの幼く純粋な心に、表面的ではあったがヒロイックな使命感、正義感が熱病のように広がった学校もあった。

二〇一〇年夏ＮＨＫが制作したドラマ『十五歳の志願兵』は、生徒たちが自ら生徒大会を開き「全員志願」を決議した愛知一中事件の実話をもとにしている。

予科練の母校訪問　『長浜商工高五十年誌』より

自身が甲飛十三期だった高塚篤氏の著『予科練　甲十三期生』（原書房一九七二年）は愛知一中だけでなく、出身学校の米子中学を含めて各地の中学校でも同様の事件があり、特に下級生（三年生）の間では「志願」せざるをえない空気になっていたと書いている。そして愛知一中もそうであったように、「全員志願」を決議しておきながら、実際の志願では何とか割り当てに近い数にはなったものの、下級生に圧力をかけた五年生を中心に志願が激減、一種志願者に「いけにえ」感が残ったという。そんな微妙な不信感からか、使命感と正義感での志願のはずが、特権意識と「怠学」「悪事」をともなう頽廃ムードが入隊前の志願者の間に妙に広がったと高塚氏は書いている。

前年の一〇倍という採用は、もうそれだけで無理な数字であり、そのスタートから矛盾をはらんでいた。まず入隊する航空隊にそれだけの容量があるはずがない。各地に分散して、さらに前期・後期に分けて入隊となるのだが、前期に美保と松山に練習航空隊を新設して十三期を収容し、後期にはさらに三重海軍航空隊奈良分遣隊を新設した。

とりわけこの後期の三重空奈良分遣隊は、天理の町に散在する天理教の宿泊施設を転用したお粗末なもので、無論海はなく、飛行機一機ない隊で、ここに十三期全体の四割にあたる一万一千名余りが集められたのである。こうした民間施設などの軍事転用の隊の開隊は翌年も西宮や宇和島、小富士、宝塚の分遣隊で続いた。滋賀海軍航空隊宝塚分遣隊とは、あの宝塚少女歌劇の宝塚劇場の転用であった。昭和一九年は十三期の訓練はもちろんのこと、それとともに大量の十四期、十五期の練習生が入隊してくるからであった。

飛べない翼　滋賀海軍航空隊

こうした中で大津市唐崎の滋賀海軍航空隊は予科練練習航空隊の三重海軍航空隊滋賀分遣隊として四四年六月に開隊する。新設の滑走路を持った航空隊で民間施設転用ではなかった。ただ新設だけにこの地域の地主に、海軍が圧力をかけての基地と滑走路の造成であったようだ。

一九四三年秋　志賀国民学校に集められた数十名の地主たちの前で、施設本部から派遣された海軍大佐の松本某は次のように語った。

「かねがね皆様方にお預けして居りました天皇陛下の土地が、此の度の国家非常時に、御国のご用に立つ事になりました。永らくの間、我が子の様に大切に、御世話下さいました美田を、手離して頂く事は、軍部としても誠に忍び難い処でありますが、陛下の御為、国の為、耐え難きを耐え、忍び難きを忍んで、気持ちよく御献納願い度い。軍部と致しましても、国費多端の折柄で、皆様方の希望には添い兼ねますが、何卒御了承願い度いのであります。……少なくとも二、三年の内には埒が明くから、返還できると思う。急いで調印してもらい度いのである。若し調印が遅れましたら、敗戦の責任は地主にあります。」（『新大津市史　上』）

丁寧な言葉使いだが有無を言わせぬ命令のような圧力があった。承認者は右へ、不審がある者は左へと指示され、坂本の大地主中邑牛尾次郎が右に動いたのを合図のように、地主たちは右の方に吸いつけられた。不審な点の説明を聞こうとして左に移動した四～五人の地主は、二、三人の憲兵が手帳を片手に近づくと恐怖に襲われ右に動いた。こうして広大な大農地の買収はわずか三十分で終了した。

四四年の陸軍の八日市飛行場拡張のための強制立ち退きの際も、「調印ニ応セサレバ非国民ナリト卓ヲ叩イテ怒語」する買収官に地主たちが「悲痛ナル思」で調印に応じたという（『八日市市史　第四巻』一九八七年）。

新設なった唐崎の基地には、六月一二日に一学年の教程を終了して奈良分遣隊から操縦の十三期の練習生一〇〇〇名が転隊して、本格的に三重空滋賀分遣隊の訓練は開始された。

しかし搭乗員不足のため全国でこれだけ大量の予科練習生が採用されて訓練に入っても、はたしてそれだけの実戦の航空機、戦闘機が日本海軍に用意できるのかという疑問がわく。当時の実戦での損耗度や航空機生産能力、さらには空襲によるその生産能力の低下を考えれば、それが到底無理なことは明らかであった。海軍上層部もそれは十分に承知していたはずである。にもかかわらず大量採用された裏には、「戦意高揚」「国民の士気の鼓舞」という意図があったのだという声もある。

ただ現実に訓練が進んでいくと、何らかの場を練習生に与えなければならなくなる。甲飛十三期の中には予科練教程から飛行練習の教程に進み、終了後実施部隊に配属された者もいるが、実質予科練教程終了のままで終戦を迎えた者もいてその差が激しい。そしてその間に十三期に用意されたのが「水中特攻」や「水上特攻」の道であった。さらに実施部隊に配属された者もその多くが「特攻志願」となり、練習航空隊に残った者にも「特攻訓練」が課され、予科練教程廃止によって全員が練習生ではなくなってしまった。甲飛十三期からの大量採用の最終到達地点はほとんどすべて「特攻隊」「特攻作戦」になったのである。中には潜水服で海底に潜み、敵の上陸用舟艇の船底を棒の先の機雷で突いて自爆する「伏龍《ふくりゅう》」の部隊まであり、滋賀空の甲飛十四期生、十五期生の一部も実態を知らないままに編入されている。

特攻と本土決戦

十三期一〇〇〇名で四四年六月に開隊した滋賀分遣隊は、奈良から十四期生一七〇〇名を受け入れたあと八月一五日に独立し、単独の航空隊の滋賀海軍航空隊（滋賀空）となったが、赴任早々の森本丞司令によって早くも八月下旬に水中特攻の志願が募られた。滋賀空の十三期は四三年（昭和十八年）後期の予科練入隊生たちだから、八月で予科練の課程が修了し、九月には飛行訓練のため練習航空隊に派遣されるはずだったが、練習航空隊はどこもいっぱいでいつ飛行練習教程に進めるかまったく目途が立たなかったのである。

城山三郎の短編『一歩の距離』では「特攻志願は一歩前へ」という設定でこの「一歩」に苦悩する練習生が描かれるが、実際は用紙が配られ熱望は「◎」、志望は「○」を記入、志望せずあくまで航空機という者は白紙で提出、時間は五分間という方法であった。予科練の二学年が始まってまだ二カ月半、滋賀空の十三期はまだ奈良分遣隊への入隊から九カ月経っていない段階、一六歳、一七歳の少年たちにその五分間の選択が迫られたのである。

ただこの水中特攻の志願は戦闘機・航空機の搭乗員をあきらめるということだったから、あくまで飛行兵にこだわる者は白紙で提出した。この「あくまで航空機は白紙」という選択肢は滋賀空の森本司令の温情で、ほかの隊では白紙は「志望せず」だったと言われている。

「一刻も早く実戦へ」「どのみち戦闘する（そして戦死する）のならば早い方が」という思いの者は志望したが、白紙との差は紙一重で迷いも多かったと思われる。この志願者の中から技能や家族構成に配慮して一〇〇名が選ばれ、特殊潜航艇「蛟龍《こうりゅう》」（五人乗り、甲標的）「海龍」（二人乗り　SS金物）の訓練を受けるため、九月二日広島県の第一特別基地隊、大竹潜水学校に向かった。

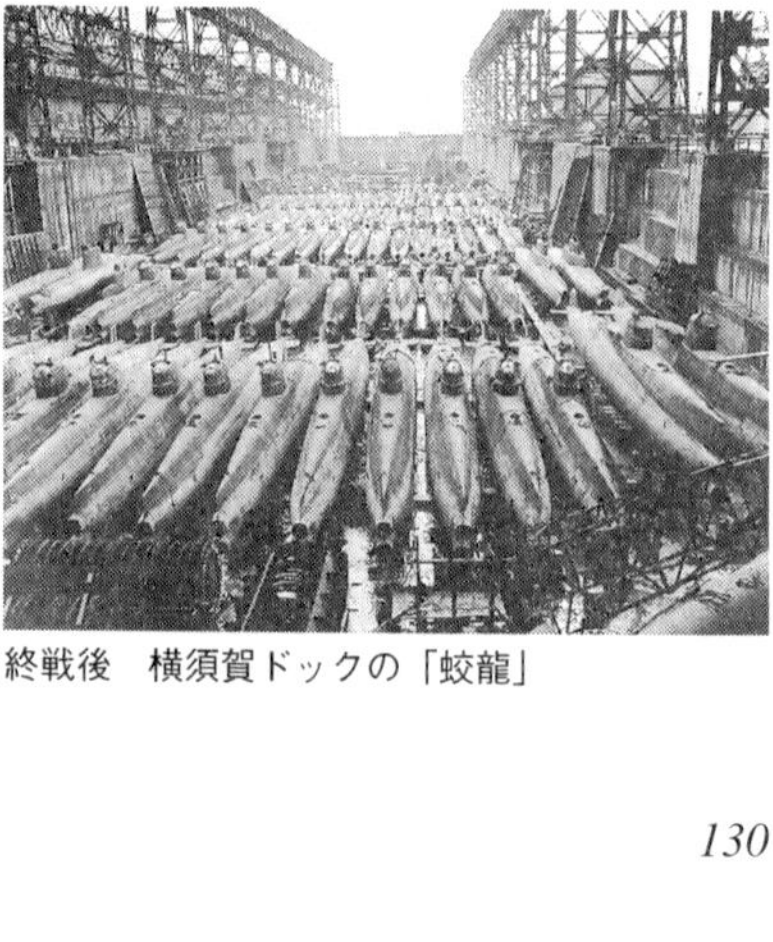

終戦後　横須賀ドックの「蛟龍」

しかし、ここで考えねばならないことは、海軍のいわゆる特攻攻撃はこの時点ではまだ始まっていなかったことである。にもかかわらず少年たちは特攻志願を求められている。

神風特別攻撃隊の特攻が始まったのはこの年一九四四年の一〇月末、フィリピン戦線においてである。前線での苦渋の決断の攻撃と思われがちだが、その攻撃のはるか以前、一年以上前に戦局の悪化から海軍では特攻についての論議が始まっており、四四年早々には具体的に特攻兵器の開発に着手していたのである。

八月の志願募集はこれ受けてのもので、海軍上層部は早くからこの特攻の攻撃方法を認めていた。「㊃マルヨン＝震洋《しんよう》」「㊅マルロク＝回天《かいてん》」「㊇マルダイ＝桜花《おうか》」といった秘匿名の特攻兵器の開発が進み、それぞれ爆装モーターボート、人間魚雷、人間爆弾の自爆兵器であった。滋賀空の十三期生が訓練に向かった「蛟龍」は五人乗り潜航艇で、魚雷攻撃を前提としていて本来自爆兵器ではなかったが生還は難しく、事実上特攻兵器とされ、「中城突撃《なかぐすく》」などの沖縄特攻も計画されていた。二人乗り「海龍」の方も魚雷攻撃後の帰還が前提であったが、魚雷が間に合わず、前部に爆装される予定であった。ただ沖縄突入が困難となったため結果的にいずれも本土決戦用兵器となった。

フィリピンで大西瀧治郎中将が神風特別攻撃隊に特攻を命じた時、こうした「回天」「桜花」などの自爆兵器のことが彼の頭の中になかったとは言い切れない。神風特攻を命じた大西中将だけを「外道の特攻作戦の生みの親」として指弾することは適当ではないだろう。それは海軍軍令部、海軍上層部全体の責任逃れの所産かもしれないからである。

戦後の海軍反省会を扱ったNHKのドキュメンタリーでも、「神風特攻よりずっと前に回天（水中特攻）を採用しているわけです。中央で」「中央で指令した覚えはないなんて言うこと自体おかしいんですよ」という現場指揮官であった鳥巣建之助元中佐の軍令部批判の録音テープの声が紹介されている。特攻作戦というおよそ理不尽きわまりない作戦に異を唱えられなかった海軍上層部の「やましき沈黙」が、多くの若者のいのちを奪った。そしてその責任の所在も曖昧なまま、戦後史の歩みは続いたのである。

滋賀海軍航空隊では翌一九四五年（昭和二〇年）三月にも、第二次の水中特攻の募集が行われ、十三期三二六名が「蛟龍」「海龍」の訓練のため山口県の大竹潜水学校柳井分校に転隊していった。この第二次の募集でも熱望◎、志望○、あくまで航空機は白紙という調査だったが、十三期の練習生たちの思いは一回目とは少し変わってきていた。

一回目はまだ予科錬の二学年が始まってさほど時は経っていなかった。しかし二回目は予科練教程が延長されたあとの卒業直前で、しかも滋賀空十三期は卒業後、飛行練習教程の練習航空隊に進むことはほぼ不可能でさらなる待機状態に置かれると考えられていたのである。そうなると実戦配備はさらに困難となる。搭乗員が余るのか、飛行機が足りぬのか、はたして十三期は飛行機に乗れるのか、という不安と不信が練習生の間でやりとりされ、先の見えない、目標の定まら

滋賀空水中特攻要員

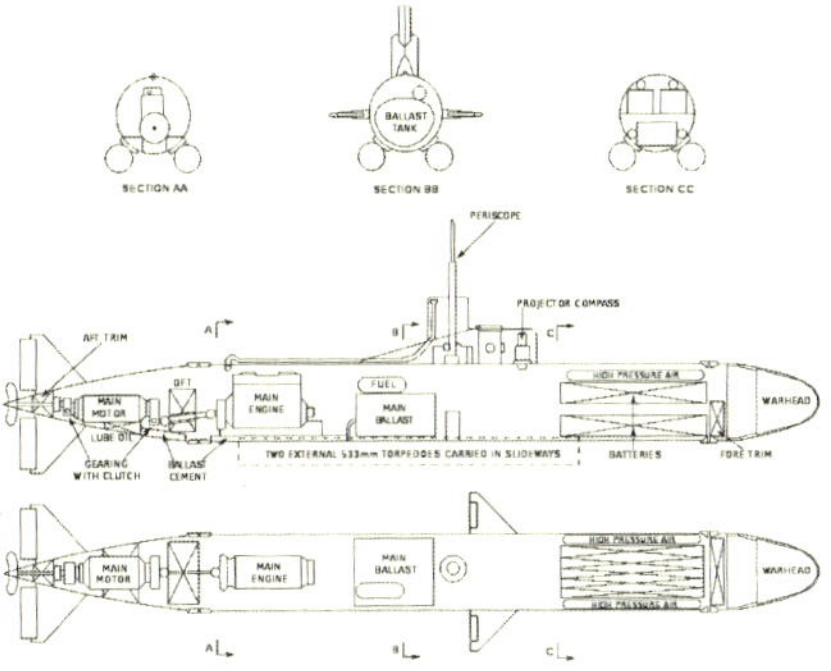

特殊潜航艇「海龍」図面

ない中での訓練に空しさを覚え、自分の使命を果たすのに手段は関係ないのではないかという思いが強まっていった。

滋賀空のある練習生は日記の中で「俺ハ一点ノ光ガホシイ。一点ノ目的物ヲ定メタイ。確実ナ実力ヲ得タイ」と書いている。自分の行動の意味を探る少年らしい純粋さが、無謀な戦いの中でやむにやまれぬ「殉国」へと向かったのは悲劇としか言いようがなかったが、それは彼らの責任ではなかった。少年たちは大人たちが作った最悪の条件の中で必死に自分の存在の意味を求めたのである。

結果的に言えば、滋賀海軍航空隊の最初の訓練生である十三期は、予科練教程の段階が待機・補習期間を含むために同期でもっとも長く、特攻のために転隊した者を含んでも、練習生の中でエンジンの付いた戦闘機に乗った者は皆無に等しかった。言いかえれば、十三期に始まる滋賀海軍航空隊のすべての予科練生は、全員が水中・水上と後述する特殊機の特攻隊と陸戦隊の「本土決戦要員」だったのである。

また四五年三月は十四期生にも水中特攻要員募集があり、三月中旬に福知山航空基地の飛行場

（石原《いさ》飛行場）建設に派遣されていた十四期生（前年八月奈良からの転隊組）の一部二〇〇名が第一次特攻として、いったん滋賀空に帰隊した後、柳井分校へ出発している（中村勝実『野辺山海軍航空隊』櫟　一九九五年）。滋賀空十四期生には四月にも第二次特攻選抜があり、こちらは水上特攻で、千葉の波左間《はさま》にあった爆装特攻艇「震洋」による水上特攻第五九震洋隊（横須賀鎮守府）と三重県鳥羽市安楽島《あらしま》町加布良古《かぶらこ》の第六〇震洋隊（舞鶴鎮守府）はいずれも、搭乗員は甲飛十三期（土浦海軍航空隊）と甲飛十四期（滋賀海軍航空隊）の予科練生で編成され、特攻隊に志願してから長崎県大村湾川棚で臨時魚雷艇の訓練を受けたとされている。滋賀空出発は四月二四日、三〇〇名であったという。十三期生だけでなく、滋賀空の十四期生にも水中・水上特攻の募集が行われたことがわかる。

特攻艇「震洋」

十三期に始まる滋賀空の予科練は、十三期から十四期、十五期と続き四五年四月の十六期入隊が最後となった。しかし、戦局悪化の中、四五年六月、迫りくる本土決戦のために予科練の練習教程は廃止され、練習航空隊は日本全土で消滅した。すべての隊が実施部隊となったのであり、しかも四月に「陸海軍機全機特攻化」を大本営は決定していたから、彼ら予科練生のすべてが特攻隊と陸戦隊の隊員となることが決定的になった。そこでは特攻募集志願の「◎」「○」「白紙」の調査など無意味になっていた。予科練生（もはや練習生ではなくなっていたが）に下される命令は事実上すべて特攻になったのである。これが「本土決戦要員」の持つ意味であった。

六月一八日、実施部隊の陸戦隊となることが決定した滋賀空一六期生の少年たちに、新任の脇坂大隊長は「米英が、図に乗って此の滋賀海軍航空隊付近に落下傘で降りて来たり、又戦車にて地上から攻撃してきた場合、一人も残らず皆殺にして、滋賀航空隊は勿論、全国的に絶対に負けてはいけない重大な任務を与へられた。」「此の重任を果すには一人でも多く米英を殺すことを工夫せよ。」「一人でも多く殺せ。」「奴らを一人でも多く殺せば必ず勝てる。」と訓示した。

この訓示を聞いた一人の少年は「必ずや多くの敵を殺し、重要なる敵武器と刺違へるなり」と感想を書いている。『本土決戦根本本義ノ徹底ニ関スル件』が参謀長から通達される二日前の訓示だが、持久戦、後退配備を認めない玉砕攻撃の戦法の方針は共通していそうである。敵の落下傘部隊による本土分断の最前線化が滋賀空に想定されているが、意味合いは敵上陸地点での水際決戦と同じだろう。とにかく引くことなく敵を攻撃して玉砕せよという本土決戦の指令である。決戦と本土防衛に「国民の生命を守ること」という意味が含まれるとするならば、この期の「一億総特攻」は大きな矛盾であった。やはり国民の生命よりも「敵を殺す」攻撃を第一義とするのが本土決戦の基本姿勢だったと考えるべきだろう。

しかしながら軍は、彼ら少年兵、そして応召兵、国民義勇戦闘隊などの本土決戦の戦力を本当に頼りにしていたのだろうか。敵の上陸作戦に対し国民に「一億総特攻」「一億玉砕」、第一線部隊に水際での後退なき決戦を指示しておきながら、大本営や政府は内陸の奥深く信州「松代」の大地下壕に後退し、自己温存を図るつもりだったのである。沖縄住民と第三二軍を見捨てた大本営は、また再びまともな武器もなく、ろくな訓練もしていない本土決戦部隊を見捨てようとしていた。純粋な少年少女たちが決意を固める本土決戦に、実は彼らは冷たい視線を投げかけていたのではないだろうか。

かくれた犠牲

現実の本土決戦はなかったから当然滋賀空出身者が特攻死することはなかった。ただ訓練中、移動中にグラマンに襲われての戦死や、機雷への触雷による戦死は実際にありえた。しかし、それにも増して彼らの手記が語るのは、その訓練中の事故と「殉職」の多さである。

第一次の「水中特攻」に志願した滋賀空十三期の横井順一氏は手記の中で、先輩艇の遭難事故目撃から訓練艇での監視艇との衝突、そのための酸素不足と炭酸ガス増加の中の六時間の潜航、グラマン空襲から避難潜航した故障艇の潜望鏡からの漏水、弁の磨耗による艇内の高圧空気漏れ、起動接断器故障によるモーターの不作動などさまざまな潜航艇の事故、故障を書き留めておられる（横井順一『標的の仲間たち』香川県滋賀空十三期会　一九九二年）。「訓練中の仲間の殉職もたびたび」と書くやはり滋賀空十三期の本郷三郎氏も、グラマンからの避難潜航で海底に突っ込み、浮上できずに死を覚悟したという（「水中特攻・戦争体験記」平和祈念展示資料館ＨＰライブラリー『平和の礎』第三巻）。横井氏や本郷氏が乗った「蛟龍」などの特殊潜航艇は小型だけに安定しにくく操縦が難しいため、わずかな故障やミスが命取りになる。艦体が軽いため魚雷をへたに発射すると反動で海面上に飛び出してしまうとまで言われていた。高塚篤氏の『予科練　甲十三期生』にも充電中窒息などの事故死や訓練中の沈没もまとめられているが、その中には滋賀空ではないが滋賀県出身の十三期生、山瀬秋雄一飛曹が「大竹沖蛟龍訓練中殉職」という記録もある。四五年八月五日の死亡、終戦一〇日前のことだった。特攻艇「震洋」は、自動車エンジンを使用したため海水の影響をまともに受けて電気系統の故障が多発、エンストして訓練中に激しい潮流に流されたり夜間に行方不明になることもまれではなかった。呼吸器（呼気清浄器）に欠陥がある「伏龍」の事故も多く、滋賀空甲飛十五期だった川合逸夫さんは横須賀の基地への到着の思い出を次のように書いている。

〝伏竜特攻隊〟とはどんな隊だろう。選ばれた誇りと不安の入り交じる複雑な心境で久里浜の隊へ入った。翌朝数名の隊員が沈痛な面持ちで戸板を担いで行く。板の上に何かが乗せてあり毛布がかけてある。何だろうと奇異な眼差しで我々は見つめた。「あれは伏竜特攻の訓練の犠牲者だ」と聞かされ慄然とし、異常な緊張感を覚えた。「明日は、我が身か」と。
記録によれば海底で方向を見失い一小隊十二人全員帰らぬ日もあったという。
（松井俊二『あ、滋賀海軍航空隊』）

「伏龍」は泡で位置を悟られないように呼気を水中に吐き出さず、しかも長時間潜水できるように「清浄缶」の苛性ソーダで炭酸ガスを除去する半循環式の呼吸装置を使用していた。しかしこのために呼吸法が難しく、さらに器具から海水が浸入すると苛性ソーダが急激な熱反応を起こして高熱のままヘルメット内に逆流し、肺や内臓を焼くという欠陥があった。

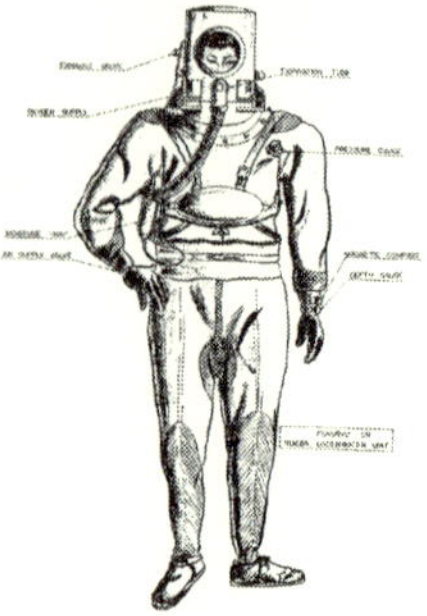
人間機雷「伏龍」

本土決戦用兵器は戦争末期の物資・材料不足、熟練工員の不足の中で作られた粗悪品とも言え、その上に技量未熟な兵士に無理な訓練が強行されたから、訓練自体が命がけであったわけである。滋賀県の学徒勤労動員や女子挺身隊の現場でも兵器生産は続けられていたが、特殊潜航艇のコックを近江兄弟社女学校の女子学徒が組み立てていたし、近江航空では粗悪品、不良品の製作に「どうせ特攻機だから片道持てばよい」「（不良品で）いいよ、敵につけばいいんだから」といった会話が交わされていた。特攻隊の隠れた犠牲である訓練での「殉職」は意外に多かったのである。『学徒兵の精神誌』（岩波書店　二〇〇六年）の著者大貫恵美子氏の言葉を借りるなら「日本政府は、もう敵を殺すためというより事故死にいたらしめることを承知で、上から兵たちに号令をかけ続けていたのである」。

海軍飛行専修予備学生『操縦・偵察員戦没者名簿』の中には昭和二〇年四月二日の大津空の鶴田泰二中尉（横浜専門学校出身）と七月一八日、やはり大津空の蟹井武平少尉（東京物理学校出身）の滋賀方面での死亡が記録されている。詳しいことはわからないが、『雲ながるる果てに』（白鷗遺族会編）の一九五二年版の戦没者名簿ではどちらも「殉職」となっている。水上機訓練中の事故だとすれば、はたして操縦ミスだけが原因であったのだろうか。

そして訓練とは次元が違う「どか練」の土木作業においてもさまざまな危険がつきまとい、詳細は不明だが滋賀空の甲飛十五期生の日誌に福知山派遣の十四期生六名が事故死したため、四月一七日一五時から大津の本隊で海軍葬が行われたと記されている。（『あゝ滋賀海軍航空隊』）

さらに予科練や学徒兵には、もう一つの隠れた犠牲があった。城山三郎の小説『一歩の距離』の中にも登場する「暴行死」や「自殺」である。練習航空隊といえども軍隊であり、「娑婆《しゃば》っ気《け》を抜く」という名目で繰り返された上官からの「罰直」という暴力が、まだ幼い少年兵やプライドの高い学徒兵を精神的にも肉体的にも追い詰める場面は多かっただろう。『一歩の距離』では練習生が試みたささやかな抵抗が上官の教官にばれて猛烈な暴行を受け、廃人のようになって練習生が命を落とす。些細なミスにも激しい叱責が加えられたし、「上官の命令は天皇陛下の命令と心得」なければならなかった。いじめやシゴキは日常茶飯事で、「海軍精神注入棒」（通称バッター）による制裁が繰り返されていた。その中には逃げ場を失い自死する者もいたのである。

滋賀空十三期、十六期の隊員の手記には「罰直」のことはたびたび出てくるが、それ以上のことは何も書かれていない。ただある十六期生は「わけのわからない制裁……、気分不良なり」と日記に書いている。愛知県出身の十三期生、杉浦文男さんの体験文（平和祈念展示資料館ＨＰライブラリー『平和の礎』第一一巻）には感情のままにバッターを繰り返す下士官が登場し、練習生のアラを探しては暴力を振るうＳ分隊士を滋賀空で「練習生を殴る唯一の士官」と称している。また毎晩聞こえるバッターの音と、おそらく十六期生の中学三年くらいの少年兵がかわいそうで仕方がなかったという思い出もそこで語られている。

そして十五期生の手記には「バッターの罰直が度を起こして病室で死亡した練習生」や罰直に耐えかね「江若鉄道に飛び込んで自殺した練習生」のことが綴られている。

宮田昇氏の『敗戦三三回忌』（みすず書房　二〇一一年）にも滋賀空十四期での分隊士の猛烈なバッターと、その後衰弱して海軍病院に移送された練習生のことが書かれている。『湖畔に燃えた我が青春』の滋賀空の年表の中にはそれとは別に、目立たないがただ一行「昭和一九年一二月

一〇日　予備生徒某縊死」と記録されている。
『湖畔に燃えた我が青春』にはそれ以上のことは何も書かれていないが、『琵琶湖の青春　滋賀空二期予備生徒隊の記録』（田中祐三編　滋賀空二期予備生徒隊誌編集委員会　一九八二年）に時期は異なるが、東京美術学校出身の一人の予備生徒の縊死が回想されている。体力、気力、暗記力のすべてに欠けて成績不良で二度落第し、水兵階級への降格の屈辱と、おそらく結核による隔離で心身ともに憔悴しきったための自死だったようだ。そして回想では縊死した友人の「一等水兵」降格のままでの分隊葬に対し、強い怒りと口惜しさが綴られている。

八日市飛行場の陸軍航空隊でも理由はわからないが脱走少年兵の自殺があったようで、地元八日市の辻美和子さんが「若い子が志願兵でぎょうさん来やはるにゃわな。そこの電車に飛び込んで死なはった人も二、三人あったな。」と証言している。（『記憶の湖　六』）

ほかにも貴生川《きぶかわ》駅の駅員だった信楽町の武田一二さんが「八日市の部隊から一人の脱走兵が貴生川駅の通信室に逃げ込み、自殺を図った事件」があったことを証言している（『戦前戦後を生きて』全日本年金者組合滋賀県本部編　一九九六年）。荻須憲一氏は自著『新八日市飛行場物語』（一九九五年）で八日市飛行場の「八教」（中部九八部隊　第八航空教育隊）は脱走兵が多かったと書き、程度を超えた隊の私的制裁の酷さを批判しておられる。これらはもちろん当時、絶対に外に知らされることのない軍隊の闇の部分であった。

大津陸軍少年飛行兵学校十八期生

滋賀海軍航空隊の十三期と同じころ入隊の大津陸軍少年飛行兵学校十七期生は、四四年九月の卒業で熊谷の飛行学校へ進学して九五式一型練習機・陸軍版「赤トンボ」の練習課程に入ったが、四四年四月入学の十八期生の方が、予科練教程の延長や待機期間で飛行機に乗れずじまいとなった海軍の滋賀空十三期とよく似た訓練の経過をたどった。

陸軍少年飛行兵学校の課程は一年間であり、大津の十八期生は四五年三月に卒業式を迎えるのだが、通信・整備の学生は卒業して上級の飛行隊に進学したものの、操縦要員六七〇名は卒業延期となり大津に残留となってしまった。陸軍もやはり航空機の損耗が激しく練習機を用意できなかったのである。

学科は数学・物理が高度になり、通信の受信演習や滑空訓練が激しくなった。五月からは中隊指揮班、対空射撃班、対戦車肉攻班、突撃班などに分かれて猛烈な専門教育になった。これらはどうみても飛行兵の訓練ではなく、地上戦の訓練である。対戦車肉攻とは肉薄攻撃のことで、突撃を含め事実上の本土決戦用特攻訓練だったのだろう。

そして滋賀空の予科練が後述するように実戦配備を指示された六月一八日、この大少飛の六七〇名は高島郡（現高島市）の饗庭野《あいばの》演習場で総仕上げとも言うべき総合訓練に入り、実戦準備を整えた。その後はもう午前中の学科授業はあったものの訓練よりも各種作業が強化されて防空

大津空で編成された大津特別攻撃隊

壕掘りなどが中心となり、結局操縦桿を握らないまま終戦を迎えた。四四年一〇月入学の十九期は一段と地上戦闘訓練の比重が大きく、空への憧れを断ち切らざるを得なかったようだ。ただ玉音放送の内容が生徒たちにはうまく伝わらなかったらしく、十六日になっても大津では十八期に対して軍事学の試験が実施され、二十期生はまだ懸命に蛸壺《たこつぼ》掘りをしていたという。

大津海軍航空隊の特攻

命を命と思わない矛盾がピークに達しようとしていた戦争末期、特攻機の機体不足はおよそ攻撃に向かない機体まで航空特攻に投入される事態になっていた。「せめてまともな戦闘機を」という思いを持って飛び立つ特攻隊員も少なくはなかった。旧式戦闘機はもちろん、偵察機や水上機、練習機までが特攻作戦に投入され、最後は敵の本土上陸部隊へのグライダーによる特攻も考えられていた。

水上機は車輪ではなくフロートをつけるからそれだけ

で機体の重量は増し、航続距離、スピードがともに落ちる。さらには旋回性能など機体の動きも悪くなるから偵察機や観測機としての飛行が前提であり、空中戦には向かない。それでも水上機の練習部隊のはずの大津海軍航空隊は四五年春に実戦部隊になり、教員・教官の志願で「大津特別攻撃隊」が編成されている。

大津海軍航空隊は予科練教程を卒業した練習生に水上機の飛行訓練を施す練習部隊だったのだが、所属する練習連合航空総隊が三月一日に第一〇航空艦隊に拡大・編成されると、練習部隊の沖縄戦の菊水作戦への実戦投入が計画されることになった。教官中心に編成された「大津特別攻撃隊」の写真は、軍装が冬用であることからこの時期に撮影された可能性がある。

しかし沖縄戦の作戦失敗から、五月に一転して第一〇航空艦隊所属の部隊は本土決戦用の航空戦隊に転用されることになった。大津空は五月一五日付で第一護衛艦隊の大阪警備府隷下の護衛航空部隊になっている。もちろん練習部隊ではなく、護衛部隊ではあるがその任務は、「イ　天号作戦哨戒　ロ　水上特攻隊に対する協力準備並びに協力」となっていた。

三月以降、練習航空隊ではなくなった以上、特攻でなくても大津空の隊員に敵機の迎撃や哨戒中の撃墜での「戦死」の可能性も加わった。大津航空隊が実施部隊になるということはそういうことであり、滋賀県上空が戦場になることも意味していた。

しかし大本営では四月一日に『昭和二十年度前期陸海軍戦備ニ関スル申合』によって、「陸海軍全機特攻化」を決定していたから、当然大津空の本土決戦での特攻参加は避けられなかった。すでに水上機はもちろん、練習航空隊消滅は初歩の練習機での特攻隊編成まで生み出し、沖縄の菊水作戦では中間練習機（赤トンボ）や機上作業練習機「白菊」までが特攻につぎこまれていた。一部では「水上機でも実機であるだけ幸せ」という声までささやかれていたのである。

零式水上観測機

琵琶湖上空のゼロカン撃墜

昭和二〇年七月二八日早朝、愛知県の第二河和《こうわ》基地を出発した零式水上観測機（通称ゼロカン）四機の特攻隊が京都久美浜に向け琵琶湖上空を飛行していた。前日霞ヶ浦湖畔の鹿島航空隊の滑走台（スベリ）を一五時三〇分に離れたこの小隊は、本土特攻作戦のため前方固定銃をはずし、二五〇キロ爆弾の懸吊《けんちょう》装置を装着して博多の姪浜《めいのはま》の特別基地をめざした。爆弾を吊り下げ、機体を軽くするため固定銃をはずさなければならない機体は、もはや戦闘機ではなく空飛ぶ「爆弾」であった。

初日の中継泊地第二河和基地のガンルームでは、隊員の一人折田孝少尉（京大農学部）がピアノでウェーバーの「舞踏への勧誘」の前奏を巧みに弾いて見せた。兄の折田泉氏がプロのヴァイオリン奏者で、義姉となる夫人も姪もバレエ界の重鎮（石井みどり氏、折田克子氏）という音楽一家だったのである。もしも「爆弾」に搭乗するこの特攻作戦がなかったなら、折田少尉も戦後その音楽の才能を遺憾なく発揮されたのかもしれない。

二八日四時起床、準備を整えて四機のゼロカンは出発した。搭乗員は複座の水上機のため八名、一番機が隊長機で塩野入《しおのいり》基展中尉と清水次男中尉、二番機が白井島和少尉と中村慈孝二飛曹、三番機が折田孝少尉と豊崎昌二少尉、四番機が庄子俊一少尉と白水善信一飛曹のペアであった。

もやの立ちこめた知多半島から伊勢湾へぬけ、鈴鹿山脈を越えて間もなく彦根、米原の上空を通って琵琶湖に出る。真っ青な湖面と竹生島、遠く白山連峰が望めた。操縦桿を握っている折田少尉が自分のバッグの中のカメラで写真を撮ってくれるよう、後部座席の豊崎少尉に声をかけた。

その直後か、琵琶湖西北岸上空六時四五分、空母「ベローウッド」から発進していた「第一エイブル攻撃隊」のグラマンF６F四機が、左後方下から「ゼロカン」四機に襲いかかり、瞬時に全機を撃墜したのである。二機が左から回り込み機銃掃射、二機は上空に旋回して掩護態勢をとったようだ。

その時、地上でグラマンの動きの優秀さに目を奪われた安曇川の六年生の少年は、学校の友だちにその目撃談を得意げに話した。すると、「敵をほめる奴は非国民」と教師にビンタを食らい、絶対口外するなと叱られ、しばらくにらまれ続けたという。一方、今津町の梅原集落と角川集落はこの墜落で大騒ぎとなった。パラシュートで脱出・降下する特攻兵たちを「日本軍が撃墜されるはずがない」としてアメリカ兵と思い込み、年寄りの避難と青年団のすき、くわ、竹やり持っての追跡・捜索が繰り広げられた。二五日の八日市飛行場での小原大尉の降下の時と同じである。

一番機は谷の山腹に激突、山奥のため、一週間後に炭焼きの人が塩野入、清水両中尉の遺体を発見したが痛みが激しく、現地で荼毘にふされ、角川《つのかわ》の光明寺で骨供養を行った。

二番機では背後から貫通銃創を負った白井中尉が中村二飛曹に脱出を命じ、重傷の白井中尉自身は機体の外に出たものの、炎上して落下する機の翼にパラシュートを引っ掛け、機もろとも梅原地区悪谷の林の中に落下した。入籍前の未亡人を含む捜索隊が沢の現場で遺体を発見した時は、全身焼け焦げ、脳漿の飛び散る凄惨な状況だったという。中村二飛曹は落下時に機体か墓石に頭をぶつけ、脳の障害の後遺症で二年後に亡くなった。

三番機は操縦の折田少尉が一撃で即死、操縦桿を握ったままの状態で身体は焼け焦げていた。豊崎少尉はパラシュートで降下、重傷を負いながらも救助される。

四番機は庄子少尉も白水一飛曹もパラシュートで脱出したが銃創とやけどがひどく、村人に救助されて公会堂に運ばれ、大津日赤病院（当時は横須賀海軍病院大津赤十字病院）に豊崎少尉とともに収容されたが、木にひっかかり脚に傷を負って腹から腸がはみ出すような状態だった庄子少尉は翌日未明、白木一飛曹も八月八日に死亡した。

三番機偵察員豊崎少尉の記録

三番機偵察員の豊崎少尉は落下する機のダイブで身体が浮き上がって機外へ放り出される形となり、パラシュートが自動曳索《えいさく》で開いた。その瞬間、折田少尉を残したことと電信機を機体ごと壊したことを悔やんだが、そのあと降下する途中はグラマンの機銃掃射の恐怖にさらされ、覚悟を決めた。しかし敵機は降下する豊崎少尉を撃つことなく、そのまま東へ飛び去った。

重傷を負って降下した豊崎少尉は、自力で山を降りるが、声のする方に叫んでも一向に救助隊が上ってくる気配、近づいてくる気配がない。村人がアメリカ兵と思い込んでいたためである。

愛機の前の豊崎昌二少尉

「すみませんが、脚をやられて動けないからおろしてくれませんか」というと「ああ味方だ」との声。中学生に背負ってもらって道まで出て、「いま落ちたのはみんな友軍だから救助頼みます」という少尉の言葉でようやく救助が開始された。

公会堂で豊崎少尉が村の女性と派出看護婦から応急止血と看護を受けている間に、庄子少尉と白水一飛曹の二名が運びこまれ、その後三人ともトラックに乗せられ、一六時四五分に大津赤十字病院に到着したが、二人は帰らぬ人となった。豊崎少尉の手記には次のように書かれている。

私の隣に入った庄子、彼も新婚なのだ！　ああ奥さんを呼びたかろうに。苦しそうな息遣い、庄子くるしいか、うんくるしい、おい豊崎なおったらパイ缶食べような、うん。次第に呼吸困難、看護婦に身体の絶え間ない上げ下ろしを、そして当直の本谷医員に酸素吸入を、私は痛さと疲れからついうとうとした。そのあいだに庄子は死んでしまったのだ。ふと気が付いたとき間に立てられた衝立、おい庄子はどうしたんだ。だまってこたえない……。

（土居良三編『学徒特攻その生と死』国書刊行会　二〇〇四年）

豊崎少尉はその九日後の、同僚を呼ぶうわごとをくりかえす白水一飛曹の臨終の様子も書き留め、一首の歌とともに「八月八日　一二・三〇　白水一飛曹逝去」と記している。

おい来たぞと呼べど応えぬ君が魂は
雲居の空をあまかけるらし

新　聞　　第3種郵便物認可

撃墜され生存の旧海軍機乗員

墜落地、今津で見つけた

56年ぶりに「心の旅路」

東京の豊崎さん　死んだ戦友7人弔う

太平洋戦争の末期、今津町角川上空で米軍機に撃墜された4機の旧日本軍零式水上観測機があった。ただ一人生き残った東京都世田谷区の豊崎昌二さん(79)が6日、妻の統子さん(72)とともに56年ぶりに墜落現場を訪れた。同町角川の光明寺と同町[illegible]《ゆう》生の西江寺で、撃墜で亡くなった戦友7人の霊を弔う法要をした。

1945年7月28日早朝、愛知県美浜町の基地から京都府久美浜基地に向かっていた旧日本海軍零式水上観測機4機は、米軍のグラマン戦闘機4機の機銃攻撃を受け、角川の山腹に3機、数キロ離れた同町梅原の谷に1機が撃墜された。

乗り組んでいた8人のうち、3人は落下傘で脱出したが、2人はまもなく死亡。豊崎さんは救助され、光明寺に運ばれたあと、大津の病院で1年間、入院生活をした。

学徒動員で召集された豊崎さんは退院後、大学に復学し、父が始めた貿易会社を経営。墜落場所は気にかかっていたが、友人が戦友の記録を収集しているのを知り、昨年の終戦記念日を機に「私も心の旅路を」と墜落地探しを始めた。

米軍機は米国の友人に頼んだら、翌日には米海軍の公開文書でグラマン4機とわかったが、自分たちの墜落場所は手帳の「角川」や当時の村長名を手がかりに今津町に問い合わせた。町や県の行政資料に墜落の記録はなく、町史編さん係の職員や光明寺の中川昌光住職

あの山腹が墜落現場という中川住職の説明を聞く豊崎さん夫婦＝今津町角川の光明寺で

墜落地、今津で見つけた（朝日新聞　2001年11月７日付）

前著を出版した後、青山学院大学の雨宮剛先生から、この豊崎昌二氏がクリスチャンであることをご教示いただいた。自身も敬虔なキリスト教徒であった雨宮先生は戦時中何かと迫害を受けられたというが、豊崎さんは学徒出陣から特攻志願、そして終戦にいたるまでどんな思いで日々を送られたのだろうか。戦後の丸山真男氏との対談の中では、東大法学部卒業の元海軍士官代表として淡々と海軍組織について語られているが、

キリスト教徒としての「特攻志願」に対する信仰と思想上の苦悩は、おそらく今の我々には想像しがたいほど深く、豊崎さん自身激しい迷いの中におられたことと思う。

雨宮先生から送られてきた、キリスト教の機関誌の豊崎さんの一文のコピーには、士官当時の写真とともに自身の迷いの日々がつづられ「勉学の許される最後の時まで、自由を選び、軍の覇権に批判を向けていた私達にも、キリスト者としての信仰を保つ途の選択について、有形無形の『踏み絵』がひしひしと押しつけられてきていました」と書かれている。さらにカトリック法哲学の大沢章先生の「カトリックである前に、先ず日本人であれ」という言葉と、田中耕太郎先生の「カトリックであるからこそ、真の日本人になれるのだ」という言葉のジレンマに「それはもう言葉の遊戯ではなく、残された僅かの時間をいとおしむ私の青春のまんまえに逃れられない壁となって立ちふさがっていたのです」と述懐しておられる。

豊崎さんの苦悩は、「戦争の善悪」「特攻の是非」「自決、玉砕の是非」という普通の兵士・士官ならまず当然とする命題に、逆に納得のための議論をとことん尽くすという姿勢ゆえに深いものになっていったようだ。広島のイエズス会修練院長のアルベ師から「戦争自体避けて通れないものであり、むしろ『心に聖堂』を持って雄々しく戦いなさい」「特攻・自決の問題は、実はローマでも最終的な結論が出ていない。ただ、その行為によって『敵艦を沈める』といった『ある価値』が生まれるものならば許されるが、自決自体はプラスを生まない限り避けるべきだ」という言葉を受け、このぎりぎりの「状況倫理的」解釈で日本人としてかつキリスト者として、いくさへの「好戦的」参加をいくらか納得させる気持ちになったという。

しかしながらグラマンとの戦闘で撃墜され、パラシュートで降下中、敵の銃口が火を吹くかもしれない絶体絶命の状況を体験しながら生還した自分は、完全な敗北感の中、「内在的にキリスト者たらんとして来た自分の意識が、まさに断崖上にあったことを身をもって悟ったのである」と終戦からさほど時が経っていない一九四八年（昭和二十三年）のカトリック新聞に書いておられる。

他人の生命を奪う、敵を殺すという戦争での当然の行為が、実は絶対に許されない行為であるという真実、その真実に向き合わず戦争に参加した自分の愚かさを嘆き、自分なら必ず射殺したであろうあの降下中のグラマンとの対峙の瞬間、なぜ敵のパイロットは格好の目標を撃たなかったのか、その理由を確かめたいと望みながら「いずれにしても、九死に一生を得たことで贖われたところの、私が心のなかで犯した戦争犯罪、その踏み絵の痛みは拭っても拭いきれない思いです」という文で筆を置かれている。滋賀県上空での四五年夏の空中戦の一瞬に、ある青年士官の人生のぎりぎりの転換点があったのである。

実際には誰一人敵を殺していない、それにもかかわらず豊崎さんが背負わねばならなかった罪の意識、その責任は豊崎さん一人が負うべきものではないだろう。そこまでキリスト者の青年を追い込んだ国家とそれを支持した社会にも大きな責任があり、その誤りとキリスト者に限らず多くの若者と市民の命と、心と身体の傷での贖罪に対して、何ら国は応えられていないのが実情である。

第二七生隊林市造少尉の苦悩

「千人は汝の左にたほれ、万人は汝の右にたほる。されどその災は汝に近づくことなからん」という聖書の一節を福岡県出身、京都帝大の、豊崎さんと同じやはり十四期予備学生のクリスチャンの特攻隊員、林市造少尉の母は応召の際に日の丸に書き入れた。父は内村鑑三の影響でキリスト教に改宗し母も敬虔な信者だった。林少尉も少年時代は志願しようとする少年航空兵に「生命を的にするなんて、そんなことしても戦争に勝つわけはない」と思いとどまるよう説得している。人道主義者の彼は日本軍侵攻で犠牲になる中国の民間人のことを非常に気にかけていたという。「学徒出陣」はそんな若者までも理不尽な戦争の真っ只中に引きずり込んでいった。その上特攻隊員となった彼は、激しい苦悩と葛藤のなかで「死」への恐怖を抑え込み、運命を受け入れようとした。「空襲は腹が立つだろう」と書き、多くの特攻隊員がそうだったように「国体」ではなく家族や故郷を、血の通った人々を守りたいという思いで特攻の死と運命を正当化し、それを受け入れる必死の努力をした。

父と早く死別した林少尉にとって母は絶対であり、何よりも心のよりどころであった。彼は心から母を愛し、そして母と彼、家族と彼の間をキリスト教の聖書が結びつけていた。それゆえ「死」による母との別離の念はとりわけ彼を苦しめた。それを通り一遍の愛国心や天皇制イデオロギーなどで抑えこむことはできなかったし、国家のための自己の使命や愛国心を意識しつつも、彼自身決して軍国主義、国家主義に取り込まれることはなかった。学徒兵たちの深い信仰と思想はそうやすやすと国が意図するような薄っぺらな「忠君愛国」では動かせなかったのである。

「大君《おおきみ》の辺《へ》に死ぬ願いは正直の所まだ私の心からのものとはいいがたい。だが大君の辺に死ぬことは私に定められたことである。」

「母チャン、母チャンが私にこうせよと云われた事に反対して、とうとうここまで来てしまいました。私として希望どおりで嬉しいと思いたいのですが、母ちゃんのいわれる様にした方がよかったかなあとも思います。」

「私はこの頃毎日聖書をよんでいます。よんでいると、お母さんの近くに居る気持がするからです。私は聖書と賛美歌と飛行機につんでつっこみます。」

出撃前の母への最後の手紙では「私は男です。日本に生まれて男はみんな国を負うて死んでゆく男です。」「立派に敵の空母をしずめてみせます。人に威張って下さい。」と書きながらも、母への感謝と愛、そして別れの許しを請う言葉で紙面は埋め尽くされている。そして「軍隊という所へ入っても私は絶対にもとの心を失いませんでしたから」とも記されている。

林市造少尉は四五年四月一二日、「菊水二号作戦」の沖縄特攻で戦死した。後述する九州鹿屋基地に進出した「神雷《じんらい》部隊」唯一のクリスチャンの特攻隊員であった。

比叡山「桜花」秘密基地

人間爆弾「桜花」

大津市坂本の比叡山のケーブルカー山頂駅付近には、終戦間際に人間爆弾「桜花《おうか》」の特攻基地が完成していた。滋賀海軍航空隊に特攻隊が駐留し、八月には比叡山の宿坊に移動していた。この史実は予科練の練習生だった人たちにはよく知られていて、とりわけその特攻隊の半分以上をしめていた甲飛十三期の同期の間ではかなり有名な話である。しかしそれに比べて地元の滋賀県ではほとんど知られていないという奇妙な状況になっている。

比叡山にはそのことを示す説明版も石碑もなく、この特攻隊が終戦間際の移駐で、滋賀海軍航空隊の予科練生もほとんど基地から離れていたために、滋賀空の説明や年譜にも書かれていない。

一部以外に地元の住民が知らないのは、当時この基地が絶対の軍事機密であったからで、比叡山に配備される予定だった「桜花四三乙型」は本土決戦用の秘密兵器だった。「桜花」はほかに「桜花一一型」と「桜花二二型」があるが、それらは初め特攻兵器として本土ではなくフィリピンや沖縄での実戦配備を想定して開発され、「一一型」は実際に沖縄菊水作戦に投入されている。

破壊後の比叡山「桜花」カタパルト

機体前部に爆薬を詰め込み、ロケットを噴射して搭乗員もろとも敵艦に突っ込む「桜花」は、四四年五月に発案者の大田正一《しょういち》大尉（当時特務少尉）が司令に上申したことから採用に向けて動き出し、八月には航空技術廠に正式試作命令が出ている。この大田大尉の名前を取って「桜花」の秘匿名が「(大)マルダイ」となったと言われている。

四五年三月から実戦使用された「桜花一一型」は推進のために固形ロケット（四式一号噴進器

二〇型）が使用されていたが、それは空母からの発進の促進用に作られていたものの流用で、皮肉にも日本の連合艦隊の崩壊によって十分に用意できた。しかしこの固形ロケットは九秒間しか燃焼しない代物で、これを三本装着した「桜花一一型」はロケット噴射後、猛スピードの滑空で敵艦に突っ込むだけという兵器だった。航続距離は三〇キロがせいぜいだったから、攻撃目標の敵機動部隊の直前まで、爆撃機の一式陸上攻撃機に吊り下げられる形で接近する必要があった。

「桜花11型」

この一式陸攻は別名「一式ライター」と呼ばれるほど防御性が弱く、敵の銃撃ですぐに火を噴いた。多少の改良は加えられたものの、もともと二トン近い「桜花一一型」を運ぶようにはできていないため飛行速度はさらに遅くなり、グラマンの餌食になることは目に見えていた。このため「桜花」の作戦には護衛・直掩《ちょくえん》の戦闘機を多数ともなう必要があった。しかし沖縄戦のころにはもはやその余裕はなく、数少ない護衛で出発しなければならず、ほとんどが目標到達の前に母機もろとも撃墜されたという。

このため「桜花」の航続距離を伸ばし、さらにスピードの速い爆撃機の「銀河」に搭載できるように改良されたのが、ジェットエンジンで飛ぶ「桜花二二型」であった。しかしエンジン開発がなかなか進まず、その機体は試作止りで実用化することはできなかった。さらには沖縄がアメリカ軍に占領されて敵機動部隊は日本近海の至近距離に迫ってきたから、遠距離の爆撃機による運搬は徐々に意味を持たなくなっていたのである。

そこで考案されたのが「桜花四三乙型」で、本土の山や丘に発射台のカタパルトを設置し、固形ロケットで発射させ、ターボジェットエンジンと滑空で二五〇キロを飛んで上陸しようとする敵の機動部隊を攻撃するという特攻兵器だった。潜水艦から発射する「四三甲型」も考案されたが、もはや近海の制海権もままならない戦況であったから、本土防衛、本土決戦を前提とした作戦がもっとも現実的と考えられた。つまりこの「四三乙型」の基地建設自体が戦局の悲劇的状況を物語っていたのである。

しかもはじめ沿岸が調査されたが、後に沿岸から一〇海里奥地がカタパルト候補地となった。それは敵機動部隊と上陸部隊を近海の洋上で撃滅という作戦が、もはやその決戦場にたどり着くことすら困難な状況が想定されたため、水際で迎え撃って特攻の成果を上げるというぎりぎりの作戦に変更されたことを意味していた。当然それだけ住民が巻き込まれる危険性が高くなるのだが、そんな配慮はまず考えられてはいなかった。

「桜花」作戦の「一一型」から「二二型」、さらに「四三乙型」のカタパルトの作戦、それも沿岸部建設から奥地建設へという流れは、期せずして追い詰められてゆく日本の本土決戦作戦の流れを表現していたのである。

比叡山カタパルト基地設営隊

四五年六月二七日、二八日に練習機を使ったカタパルト射出実験が神奈川県横須賀の武山基地で成功、全国に「四三乙型」の基地建設が計画されていたが、武山以外では千葉県房総半島、伊豆半島、筑波あたりの八カ所にカタパルト基地が九月末完成予定で着工された。千葉県南房総市の下滝田（当時は滝田村）にはカタパルトのコンクリート台が現存している。

「四三乙型」は周囲の洞窟壕からレールで台車に乗せて曳き出し、回転台で方向を変えて発射する仕組みで、千葉県のいすみ市行川《なめがわ》には「桜花」格納庫と回転台の円形コンクリート部分が戦争遺跡として残っている。「コンクリート滑走路（カタパルト）に向けて溝を掘った」という動員学徒の証言が『夷隅《いすみ》町史』（二〇〇四年）

にあるので、こちらにもカタパルト台はできていたようだ。滋賀県の比叡山も同じような回転台を用いた似た構造だった。ただ二トンの桜花を麓からケーブルカーで山へ上げる点が比叡山基地の特徴だった。

改造された比叡山坂本ケーブル山下駅　ガントリークレーンが設置されたが、支柱は金属ではなく丸太が使われている。

全国の山に作られた観光ケーブルカーの多くは鉄材の供出もあって廃業・撤去を強いられ、比叡山のように現存しているものが少なかった上、鉄道・道路などの運輸の便と作戦上のポジションから比叡山が最適とされた。航空本部の永石正孝大佐がその選定にあたったと言われているが、滋賀空の梶吉博中尉が比叡山中を歩き回って場所を決定したという。訓練の着陸用滑走路も滋賀海軍航空隊にあり、比叡山は道路も鉄道も近く、ここからアメリカ軍の上陸が想定される伊勢湾や紀伊半島、大阪湾まで、航続距離二〇〇キロメートルを超える「桜花四三乙型」で十分カバーすることができた。高塚篤氏によればこの工事の施行発令は横須賀武山基地のカタパルトと同じ五月十六日であった。

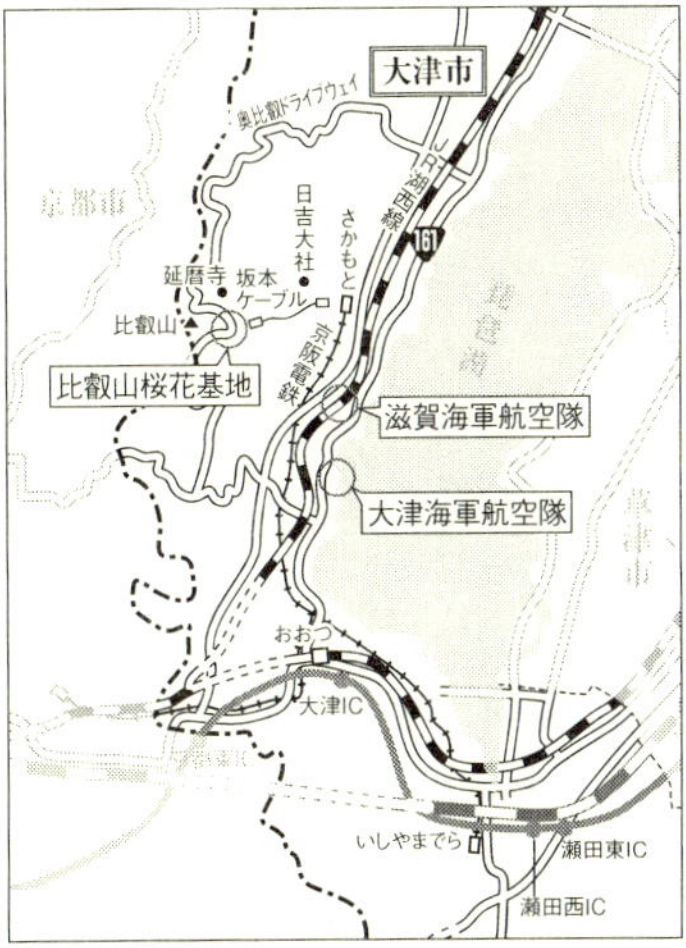

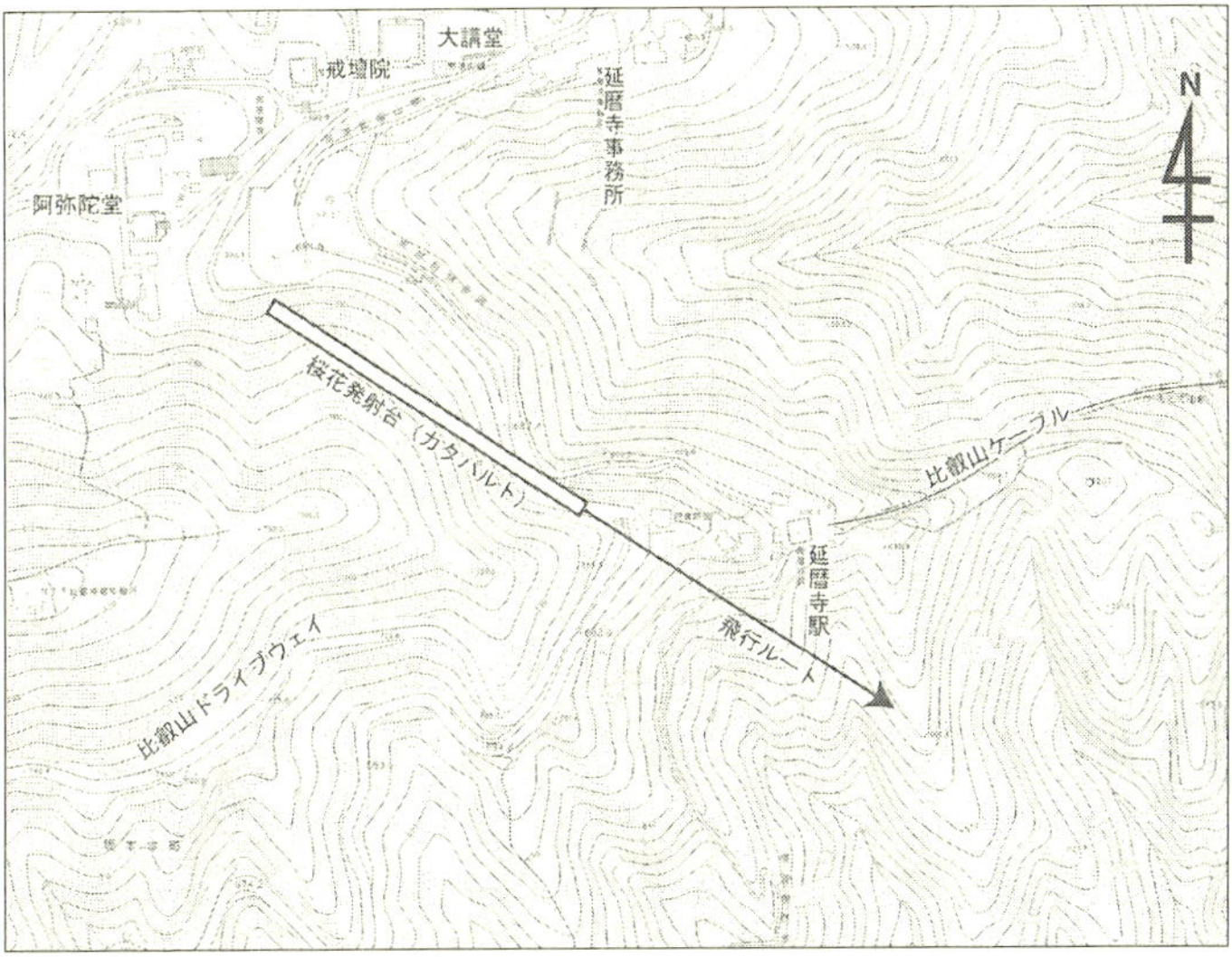

桜花射出用カタパルトの推定位置図

大津市歴史博物館編『戦争と市民　～湖国から平和へのメッセージ～』より

四五年五月に軍に接収された比叡山ケーブルカーとその駅は基地建設の資材と「桜花」の機体の運搬用に改造されて一般者登山は禁止となり、夏までに山頂駅近くにはカタパルトが完成していた。この工事も機密のためか、地元住民でなく滋賀空の整備科分隊の兵士約一〇〇名が作業にあたったという。「桜花」特攻の第七二五航空隊の通信兵や整備兵などの地上勤務兵が加わって、終戦時一五〇名以上が山上にいたようだ。何せ山を切り拓くという大工事である。一カ月で完成した横須賀武山基地と違い、五月、六月中は基礎工事までが限界で、コンクリートのカタパルトやレール、回転台の工事は七月以降になったようだ。レールの設置は別の専門業者(?)だったようで、千葉の滝田村下滝田では「呉海軍工廠の技師、工員」がレール担当という証言もあり、比叡山もあるいはそうだったかもしれない。海軍の艦船のカタパルトといえば「呉式」という名のとおり呉海軍工廠が開発と施工担当だったから、ある意味当然とも言える。

一方で延暦寺の僧は何が建設されるのかまったく知らされないまま、山門を出ることを許されず缶詰状態となり、毎日建設要員や資材を運搬する坂本ケーブルの運転手でさえ機密を知ることは許されなかったのである。

この比叡山のカタパルトは終戦直前(前日であったという説もある)には台車の射出試験にも成功し、実機と練習機の到着を待つだけになっていた。練習機には車輪の代わりに橇《そり》がついていて、カタパルトから飛び出して滑空し、滋賀空の滑走路に着陸する訓練の予定だったが、実機には車輪も橇もついておらず発射した瞬間、実機「桜花」には突入・自爆の定めしかなかった。突入中止や引き返すという選択肢は人間爆弾「桜花」には想定されていなかったからである。ちなみにアメリカ軍はこの「桜花」を「BAKA　BOMB」（バカ爆弾）と呼んだ。

この比叡山基地の「桜花」搭乗員は第七二五海軍航空隊員四〇名で、滋賀海軍航空隊基地に七月二三日開隊、茨城県鹿島の神ノ池基地などから桜花搭乗員が集められて零式練習戦闘機での滑空訓練が始まり、八月初めには滋賀空から比叡山の宿坊に宿舎を移動していた。彼らは滋賀空に来る前に「桜花」練習機での飛行訓練を終えている。危険なこともあって、このエンジンを持たない練習機K―1による飛行訓練は一人一回かぎりと決められていた。K―1で飛んだ者は次飛ぶのは「実機」すなわち「特攻死」という覚悟を決めた隊員たちである。こちらもほとんど臨戦態勢に入っていたということができる。

もしも終戦が秋に延び、アメリカ軍の上陸作戦に対する本土決戦が現実となっていたら彼らの命はなかった。そしてこの比叡山の「桜花四三乙型」搭乗の特攻隊員・第七二五海軍航空隊員四〇名のうちの多くが甲飛十三期の少年たちだったのである。

「桜花」特攻隊員　浅野昭典

横浜市にお住まいの浅野昭典さんは、昭和三年一一月一〇日生まれで、昭和一八年の甲飛十三

浅野昭典氏

16歳当時の浅野昭典氏

期に志願、「桜花」特攻隊員となり、一六歳で比叡山で玉音放送を聞いた。

浅野さんが生まれた昭和三年（一九二八年）の秋、昭和天皇の即位の礼が京都で大々的に行われた。いわゆる「昭和の御大典」である。浅野さんの名前の「昭典」はこれに由来している。この年生まれた男の子には「昭典」のほかに「昭三」という名前が多い。この「昭三」の方が昭和二年生まれの「昭二」よりも圧倒的に多いのは、その年に昭和天皇即位の「御大典」があったからに他ならない。昭和の改元よりも天皇即位の方が、人々に「昭和」という時代の幕開けを思わせたのである。

一九四一年小学校を卒業した浅野さんは神奈川県立神奈川工業学校に入学する。神奈川県一の実業学校の名門で、優秀な人材が集まる、入学がなかなか難しい難関校だった。この年の一二月に日米開戦となるわけだが、軍人になるよりも技術を以って国に尽くすという学校だったため、上級の専門学校進学が多かったようだ。ただ戦局悪化は工場の技術者不足を招いたから、徐々に指定工場への就職が増えざるを得ない状況にあった。

そんな中、昭和一八年に甲種海軍飛行予科練習生の大募集の嵐が神奈川工業にも押し寄せてきた。陸上部の花形であった先輩の予科錬の甲飛十一期生が、学校の依頼で全校生徒を前に講演をした。おそらくは海軍の機関学校でもなく、まったくの軍人しかも下士官育成機関で士官になれない予科練への志願の学校割り当て数は、工業学校にとっても相当に困難であったと想像される。学校がこの一人の卒業生にすがったのもうなずける。だが講演の中身はともかく、七つ釦《ボタン》のスマートな白い夏の予科錬の制服は後輩たちの心を惹きつけた。

浅野さんがこの先輩の姿をどう感じたかはわからないが、少しは影響があったのかもしれない。ともあれ浅野さんは四三年五月に甲飛十三期に志願、一次試験合格のあと八月に三重海軍航空隊で二次試験があり、九月中ごろに合格通知を受け取って九月三〇日、四国の松山海軍航空隊に入隊した。

予科錬の同期は一四歳から一八歳くらいまで年齢差があって普通だったたから、最年少の体格の小さな浅野さんは訓練についていくのが大変だった。「バッター」の洗礼もあった。一日中笑顔一つない生活だったたが、自分に勝つという精神を鍛えられたという。

予科錬の地上での訓練期間は本来一年二カ月だったが、戦況の悪化はその余裕をなくしていたため八カ月に短縮されていた。二カ月後に操縦と偵察に分かれ、浅野さんは念願の操縦となった。その間激しい肉体的訓練はもちろん通信手段やモールス信号などの机上の訓練も厳しく、期間が短縮された分過酷になっていたと言われている。

浅野さんは四四年五月に予科練課程を卒業、長崎県大村海軍航空隊諫早分遣隊に入隊、第三八期飛行術練習生になる。ここで「赤トンボ」九三式中間練習機でパイロットとしての飛行訓練を受けた。梅雨に入ると水はけの悪い諫早基地から借用の形で佐世保航空隊に移って訓練を続け、一時陸軍の目達原《めたばる》空の間借りもしながら、一〇月には諫早空に戻って最後の高度の訓練飛行を終了した。

機種別選考では戦闘機専修となり、一二月二八日飛錬教程卒業、四五年一月、一六歳の浅野さんはほかの戦闘機専修の練習生七〇名と一緒に、上官から「特攻志望」の有無を確かめられた。「熱望◎、志望○、志望せず白紙」のあの志願確認である。ただどんな作戦で、どんな特攻兵器に乗るのかなどはまったくと言っていいほど知らされなかった。

「確かね、戦闘機の人間が七〇名、そこでもってあって、なんていうか神雷部隊とは言いませんけど、こういう部隊ですから、当時は、詳しく説明ありません。こういう部隊があると、『特攻』っていったと思ったなあ。『こういう部隊があるけど、どうする』と。で、紙に二重丸、一重丸、希望のあれを書いて、投票して、それで、その中に、わたしが入ったわけです。『どうせ行くなら、行く先まで、わかんなかったけど、一刻も先にね』ということで。それで九州諫早から三日がかりで、神ノ池へ行き着きました。」（ＮＨＫ「戦争証言アーカイブス」）

「日本の戦局を考えればほかに道はない」と考えた特攻志願の三八名が、茨城県の神ノ池航空隊へ転出、神雷部隊と呼ばれていた第七二一海軍航空隊の隊員となった。四四年一〇月に作られたばかりのこの航空隊が人間爆弾「桜花」の特別攻撃隊であった。桜花隊、戦闘機隊、攻撃隊、爆撃隊に分かれていたが、浅野さんは桜花隊に配属された。

浅野さんたちは転隊して間もない時期に「お前たちの乗るのはこれだ」「前は爆弾だ」と「桜花」の実機を見せられている。ただその時は「ああこれか」という思いはあっても、いったいこの新兵器でどんな攻撃をするのかはわからなかったようだ。

「桜花」特攻の作戦を実感するようになったのは訓練が始まり、先輩たちの降下訓練を下から見るようになってからで、「ああこれが特攻なんだ、突っ込むんだ」「これでいくんだ」と教えられなくても、自分からその方向に向かって行ったと浅野さんは語っている。

神雷部隊のような特攻隊は、実施部隊ではあるが上からの暴力はまずなかった。上も下も、士官も下士官も敵艦に突っ込む、必ず同じ死に方をする仲間としての意識が強く、特攻の決意も死の恐怖も理解しあえるだけに、面子のための暴力など不要だったのである。死にゆく隊員のために酒も食べ物も豊富に用意されていた。送別の宴では一六歳の少年たちは焼酎や酒にシロップを入れて飲んでいた。りんごもみかんも箱入りで用意されていた。少年たちは好きなように飲んで、食べて生活しろと先輩から言われていたそうである。

この一月下旬には、それまで現地部隊の自発的意思としての作戦だった特攻が中央の指令となって、一月二〇日神雷部隊は南九州への展開を命じられ、鹿屋基地や宇佐基地に陸攻隊、桜花隊が配置された。浅野さんたちもこの部隊の出発を神ノ池で見送ったであろう。戦況はもはや台湾に基地をおいてフィリピンに出撃というわけには行かなくなっていた。この南九州の基地も艦載機の空襲を受け、一式陸攻や桜花自体が破壊されることさえあったのである。沖縄にも「桜花」は送り込まれたが、神雷部隊の隊員が沖縄に展開することはほぼ不可能になっていた。そして二月中旬には第五航空艦隊司令長官宇垣纏中将ほか参謀長、参謀が鹿屋基地に入った。

敵機動部隊の接近を察知していた第五航空艦隊司令部は三月二一日午前九時四五分、初めての「桜花」特攻を正式に命じた。ただ陸攻隊の隊長野中五郎少佐自身、この新兵器「桜花一一型」による攻撃に不安を持っての出撃だった。「桜花」をぶら下げたスピードの出ない一式陸攻に、護衛機不足のままの出撃を強いられたからである。「この槍使い難し」が「桜花」特攻を知った時の野中少佐の「桜花」評であり、出撃直前には負けいくさがわかっていたように「湊川《みなとがわ》だよ」と言ったと伝えられている。野中は、摂津の湊川付近で足利尊氏率いる大軍を迎え撃った朝廷軍に、敗色濃厚な日本軍を重ねたのである。

この予言は的中した。陸攻と桜花一八機、掩護戦闘機三〇機（五五機が離陸したが一機が失速自爆、二四機が不調で引き返す事態になっていた）の編隊は、敵空母「ホーネット」と「ベローウッド」

「桜花22型」

の艦載機の猛攻を受け、掩護の戦闘機二一機が不時着か帰投したものの陸攻は一機も戻らず全滅、「桜花」も目標に近づけずに切り離されたか陸攻もろとも撃墜された。この第一次桜花攻撃隊の犠牲は一六〇名であった。

この惨憺たる結果にもかかわらず、四月に米軍が沖縄に上陸すると、沖縄に集結した敵艦隊に「陸海軍全機特攻化」での攻撃が決定し、「桜花」特攻も続けられた。ただし編隊での攻撃は危険として単機出撃に変更され、桜花隊員の中には戦闘機での特攻に回らされる者もあった。スピードが落ちる一式陸攻での敵の至近距離への接近という根本的弱点は何ら改善されず、一機ずつの出撃で少しでも損害を減らそうという無謀な作戦である。もともと人命無視の特攻なのだが、その上撃墜される確率が高くても今ある「桜花」を使わねばという考えで、練習機、水上機でも続けられた「止められぬ」特攻作戦に通じる理不尽さがそこにはあった。

だからこそと思われるが、第一回の桜花特攻の出撃前にもう「桜花」の改良は始まっていた。航続距離が短い「桜花一一型」に代わって、三倍近い距離を飛べるジェットエンジンを積んだ「二二型」が、速度の速い爆撃機「銀河」に吊るして使うという構想のもと試作が始められた。

茨城の神ノ池基地では第七二一神雷部隊の主力を九州に送った後、残留部隊が二月に第七二二部隊として再編成され「龍巻部隊」と呼ばれた。浅野さんもこの七二二部隊で戦闘機による滑空訓練を積んだが、これはジェットエンジンの未完成機「桜花二二型」の訓練ということになった。「一一型」が実戦で使われる前に「二二型」の訓練開始という状況は、いずれにしろ実機ではないから訓練は同じだが、特攻の実戦は欠陥があろうとも実行というわけである。さらにはこの「二二型」が実用化される前に、早くも三月末にはカタパルトから発射する「桜花四三乙型」の開発がはじまった。この段階で本土決戦に突入せざるを得ない事態は想定されていたことになる。

この間、この「龍巻部隊」での浅野さんら少年たちの戦闘機での滑空訓練自体も危険極まりなく、死と隣りあわせだったようだ。

「ゼロ戦なんて、わたしみたいな未熟者が、いっぱい乗ってるんですからねえ。着陸して、引っ掛かったり。そういういろんな事故ですなあ。まあ、空中衝突はなかったですけど。それから、茨城県の鹿島。あそこは霧が多いんですよ。わたしらの同期の五月三一日。あいつはね、鹿島灘から、太平洋に向かって上がったんです。そしたら、向こうに霧がワーッと出ちゃって、霧の中につっこんじゃったんです。そのね、霧の中につっこんじゃうと、全然、右、左がわかんなくなっちゃうんですすよ。目つむって、どういう位置にいるか。まあ、椅子に座っているけど、外の位置がわからなくなっちゃうわけです。それで、海につっこんじゃってね。で、どうしたのか、一日、二日出なかったかなあ。それで、漁師から「浮かんでいましたよ」っていうことで、引き上げてね、葬式やったけど。」

「桜花」練習機Ｋ－１

四月以降の沖縄への航空特攻「菊水作戦」に「桜花一一型」は投入され続け、鹿屋基地の神雷部隊は兵力を消耗させていった。このために作戦の後半に神ノ池基地の「龍巻部隊」から隊員の補充が行われているが、「桜花」ではない戦闘機での特攻命令が増えたせいもあり「桜花」練習機の訓練を受けていない隊員が送られている。逆に「桜花」練習機に乗った者は神ノ池に温存される形となり、結果的に本土決戦用の人員になった。

実際の桜花特攻の状況は何も知らされず、浅野さんたち神ノ池の甲飛十三期は戦闘機での滑空訓練を続けていたが、そんな五月のある日に浅野さんたちにようやく「桜花」練習機Ｋ―１での飛行訓練が指示された。母機の一式陸攻も数が減っていたし、何より燃料がなかったから練習機の訓練計画が立てられなくなっていた。母機がどこかへ飛んで燃料を補給して帰り、やっと練習機の訓練ができるという場当たり的な訓練しかできなくなっていたようだ。「明日やるぞ」という突然の指示になった。

危険なため一回きりの飛行訓練である。「死」も覚悟の訓練飛行のため下着を新しいものに穿き替えて臨んだ。母機から離れるまで「桜花」の操縦桿はターンバックルで固定されている。固定を解除して下からの合図で切り離すのだが、解除しないまま合図を送ったために「桜花」をコントロールできず殉職した同期生もいたそうである。ほかにも着陸に失敗して松林に突っ込み、バラバラになったK―1もあったようだ。

「いつ、どうなるかわからないから、下着も何も、皆、新しくして、お別れのつもりですよ。本当に。練習機乗るにも。エンジンも何もついてないんですから。ゼロ戦なんか、エンジンついてるから、不時着しようと思えば、どこへでも下りられる。あれだけは、何もないんですから。」

五月末、浅野さんは一式陸攻で離陸、基地上空高度三〇〇〇メートルで本来は魚雷発射装置のためのハッチを開けて陸攻から練習機K―1に乗り移った。練習機との間には一メートル余の空間がある。

「上空での風圧がものすごく、私は体格が小さかったので、母機にぶら下がるようにしてやっとの思いで桜花（練習機）に乗り移りました。そして乗り込んだら風防を閉め『準備完了、投下を待つ』というモールス信号を上に送るんです」（「人間爆弾と向き合った16歳の特攻隊員」クレタパブリッシング『昭和40年男』二〇一二年二月号）

桜花を投下するタイミングは母機が決めて行う。「トットットッ　ツー　ト」という上の母機からのモールス信号の最後の「ト」が切り離しの合図だ。懸吊装置が火薬で破裂し、練習機が切り離されると一気に落下、この落下の強烈なマイナスGで失神する危険性もあった。三〇〇メートルほど落ちたところで操縦桿を握る。猛烈なスピード（時速五〇〇キロ近くまで出る）で計器類は目に入らずほとんど勘による操縦しかできない。さらに操縦桿から右手を離し、フラップを手動で出しスピードを落とすのだが風圧がかかりかなりの力がいる。その上機首が上がってしまうので操縦桿で下げるように調整しなければならない。この作業を繰り返しながら四回旋回して着陸態勢に入る。スピードが落ちないと旋回のポイントが遠くにずれて滑走路に届かず、逆にスピードが早く落ちると旋回も早くなり、着陸時に滑走路をオーバーランしてしまう。聞くだけでも十六歳の少年にはかなり難しい操作である。NHKの「戦争証言アーカイブス」の証言によると予科練（特乙一期）出身の教官から桜花特攻隊員となった佐伯正明さんが、K―1の訓練で着陸に失敗、重傷を負われている。事故の背景に一発本番での準備不足、事前の指導不足・情報不足があったことは明らかであった。

浅野さんは予定よりもややオーバーラン気味に何とか無事着陸。「桜花」搭乗の「仮免許」を手にした。先輩からは「これでいつでも出撃できるぞ」と言われ、何か晴れがましい感じがしたという。しかし「出撃可能」搭乗員となったものの、六月に入っても特攻作戦は続いたが「桜花」要員は鹿屋に送られず、浅野さんはこの「仮免許」のため皮肉にも実戦に投入されることはなくなった。沖縄の戦況悪化はもはや沖縄へのさらなる「桜花」とその搭乗員投入を無用とし、練習機に乗った搭乗員は本土決戦要員として温存されることになったのである。

「桜花四三乙型」特攻隊　第七二五海軍航空隊

六月二三日沖縄の日本軍による組織的抵抗は終わった。これによっていよいよ軍の作戦は本土決戦の準備を本格化させていく。そのころ「桜花」の航続距離を伸ばした「二二型」とカタパルトから発射の「四三乙型」の二種類の試作が進められ、ともに本土決戦用の新兵器になるはずであった。

七月に入って九州の神雷部隊（第七二一航空隊）の主力は「本土決戦」に備えて石川県の小松基地に退き、温存されることとなった。その一方、神ノ池基地の龍巻部隊（第七二二航空隊）から練習機K－1搭乗修了者の半数で、新たに第七二五航空隊が編成されることになった。これが「桜花四三乙型」搭乗員の部隊で、残りの龍巻部隊の隊員は「桜花二二型」搭乗員として訓練を続けることになった。

浅野さんは練習機搭乗の後は戦闘機の滑空訓練の回数も減り、七月は基地が艦載機空襲に見舞われて訓練どころではなくなり、松根油掘りの作業まであったそうだが、やがて七月二〇日に第七二五航空隊メンバーに選ばれ、七月二三日に比叡山のカタパルト基地の麓にある滋賀海軍航空隊に向けて出発、滋賀空到着は二五日だった。七二五空隊員は本庄薫中尉以下四〇名で、先輩たちが五機ほど零式練習戦闘機（零式練戦）を滋賀空へ空輸してきたという。

当時の滋賀空の甲飛十六期生の日記（『至純の絆』）には次のように記されている。

七月二十六日

午後作業が済んで帰るときも一機着陸。複座の立派な戦闘機（零戦）だった

七月二十七日

今日、本航空隊に零戦が三機来た。今迄一機あったので計五機になった。話によると鈴木部隊が来るさうだ。

七月二十七日

課業終り頃、零戦三機飛来し着陸す。羨望再びなり。

鈴木部隊とは「桜花四三乙型」搭乗員の第七二五航空隊のことで、司令は鈴木正一中佐であった。カタパルト基地の工事は続いていて、この間隊員は練習戦闘機での滑空訓練につとめたが、四〇人に零式錬戦五機では少なすぎ、第二美保空から九三式中練も空輸されたというが、「赤トンボ」の滑空訓練では身が入らなかったようだ。浅野さんのご記憶では八月一日に比叡山の宿坊が宿舎となり、改造された無蓋《むがい》のケーブルカーで上がっていったという。

八月一一日には茨城県の百里原《ひゃくりがはら》航空隊から艦上攻撃機や艦上爆撃機の実用機教程終了者十余名が大津の七二五空に編入されたと高塚氏は書いているが、ほかに同じ茨城の谷田部航空隊からの特攻志願が六月に七二二空へ転隊した後、八月に滋賀空の七二五空へ編入になっている。百里原からのメンバーも同じ六月二〇日に七二二空に移動してからの滋賀空への編入であったようだ。どちらも練習機K—1の訓練は未終了だが実戦可能と判断された隊員たちで、カタパルト射出の「桜花四三乙型」二次要員としての移動だった。小林永門少尉以下総数八三名であったという。

ただし宿舎は滋賀空の兵舎の方で比叡山の宿坊組とは別行動だったようだ。

いよいよカタパルトでの訓練は近づいていた。しばらくは浅野さんたち宿坊組は毎日ケーブルカーで滋賀空に通って訓練だったようだが、数日後カタパルトが完成し射出試験が実施された。

「十五日に引渡しだけど、『一遍、発射実験をやるから、皆さんね、パイロットの人は、ご覧になりませんか』っていうことで、見せてくれたわけ。それで、台車の発射実験をやって、火薬使ってね。で、それ一回だけじゃないのかな。実験っていうのは。」

「こっち側に飛行機を継ぐ台車っていうのがあんだ。それで、飛行機は来てませんけど、台車だけ。そこにもって、科学のロケットついて、それを噴かしていくわけだ。すると、カタパルトの前にワイヤーが張ってあって、その台車にワイヤーがぶつかる。ぶつかると台車がパタンと倒れる。それで、飛行機が浮くわけですね。それで、後は自分の力でもって、エンジンついてますから、それで飛ぶわけ。」

試験は台車の上に「桜花」にみたてた櫓を組み、爆薬筒（固形ロケット）三本が仕掛けられて点火、轟音と共に台車は六〇メートルのカタパルトの先端まで一気に走った。射出実験は成功した。この射出実験の轟音に恐怖心を呼び覚まされたのか、「一一型のほうがよっぽど楽だぜ」と誰かがつぶやいたと高塚氏は書いている。

ただし実際は第一海軍技術廠発着機部では比叡山カタパルトは火薬ではなく、「重錘式」という機械式の装置を採用する予定だったとされている。火薬の節約のため台車の先端から鋼索を伸ばし、その先につけた重りを落下させて軌道のレール上を走らせるという恐ろしく原始的な装置で、この装置の整備がまだ済んでいなかったため火薬での射出テストだったと言われている。しかしこの「重錘式」は、後述するように圧縮空気式の射出装置が誤って伝聞された可能性がきわめて高い。

「桜花」43乙型基地の射出装置の要領図

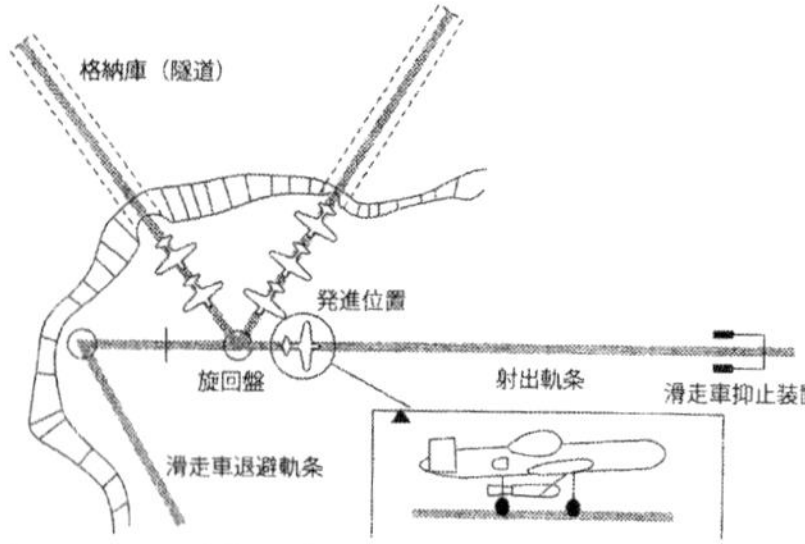

カタパルト基地概念図

カタパルトは八月一五日には引き渡しの予定であり、K—1を複座にした練習機K—2も完成していた。しかし「桜花四三乙型」の方はまだ完成しておらず、ターボジェットエンジンも戦闘機「橘花」に装着されて八月八日に初飛行に成功していたが、一〇日の本番テスト飛行には失敗、比叡山には実機も練習機も届かないまま終戦を迎えた。浅野さんたちは延暦寺の根本中堂の前の広場で玉音放送を聴いた。ラジオは雑音がひどくて聞き取れず、通信長の藤永大尉は終始苦りきった顔であったという。後から上官から敗戦を知らされたというが、数日間は茫然自失の状況だったようだ。

生き残った後ろめたさを抱えた浅野さんも、数年たってようやく「何としても生きなければ」と思えるようになったという。それでも何も残すものがなかった先輩特攻隊員や同期生の無念を思うといたたまれず、今も「桜花」特攻の証言を続けられているのである。

京都第三中学校のアルバム写真

二〇一三年夏、産経新聞が大津市内の古書店で破壊後の比叡山「桜花」基地写真が載っているアルバムが発見されたことを伝えた。所有者は不明だが、京都第三中学校（現山城高校）写真部の写真である可能性が高いという（運動会や水泳大会、ピクニックなどの写真が含まれていた）。このアルバムに昭和二一年九月一日「比叡山登行記念」と題した一ページがあり、数枚の破壊されたカタパルトの写真が貼付されていた。また「比叡山飛行場」と題した略図も写

新しく見つかった比叡山カタパルトのレール上の火薬ロケット「四式一号噴進器二〇型」の写真

真の裏に書き込まれていた。

比叡山に登ったのは四人の中学生らしく、カタパルト台のコンクリートやレール、固形ロケットの「四式一号噴進器」も撮影されている。比叡山鉄道（坂本ケーブル）が所有する破壊後のカタパルトの回転台の写真の隅にも固形ロケットらしきものが写りこんでいて以前から気になっていたのだが、このアルバムの写真でやはりそれが固形ロケットであったことが証明された。また比叡山基地が千葉県の南房総市下滝田にあった「桜花四三乙型」カタパルトとほぼ同じ工法であることもわかった。写真のカタパルトの構造と、下滝田に現存するカタパルトのコンクリート部分と「コ」の字型レールが一致したからである。おそらく全国のカタパルト基地の部品や構造は統一されていたのだろう。下滝田基地のカタパルト

南房総の下滝田基地跡のコンクリートカタパルト遺構とレール

比叡山鉄道所有の回転台破壊写真　レール横に噴進器が見える

アルバム写真の裏に描かれた比叡山「桜花」基地略図

はコンクリートとアンカーボルトで留めるレール固定部分がまだ四角い穴のあいた状態で、レールも別の場所にまとめておいてあることから、レールを乗せる前に終戦になったと考えられる。

貴重な写真資料の発見となったのだが、それにもまして写真の裏に書き込まれた基地の略図は、この比叡山「桜花」基地の全貌を明らかにしてくれた。これまでは改築された坂本ケーブルの駅や改造されたケーブルカー、破壊された一台の回転台とカタパルトの写真が資料のすべてだったため、ケーブルの改造と発射カタパルト部分と一台の回転台が作られただけで射出テストが行われたというイメージがあった。

しかしながら「略図」の方には三台の回

転台があり、ケーブルの駅からレールでつながれている。しかも最後の回転台の先にはカタパルトとは別方向にレールが伸び、三つの防空壕が掘られている。明らかに「桜花」格納庫である。つまりこの「略図」の比叡山「桜花」基地は、カタパルト部分だけでなく全体がもう完全に完成している状態にある。武山基地に次いで日本で二番目に完成したカタパルト基地ということになる。比叡山基地は、実機や練習機を待つだけの臨戦態勢にあったことをこの「略図」は示している。ただまったくの人海戦術だったようで、レールの上の資材を積んだ台車も人力で押し上げたらしい。とりわけ図の二番目の回転台からカタパルトまではかなり急な坂道で、上からロープで台車をひっぱり上げたのだろう。七二五空の少年通信兵だった片山順一さんが建設資材を「台車に搭載、捲上げられレール伝いに建設現場に昇った」「万事機器動力は得難く人海戦術、機材にしがみつき作業」と体験文に書いている。

それにしても、この写真を撮影した(と思われる)中学生たちは何者であろうか。気になるのはアルバムや略図に書かれた「比叡山飛行場」「カタパルト」「櫻花基地」「ロケットエンヂン」「廻転台」などの言葉である。こうした戦中の軍事機密を終戦後一年足らずでアルバムに書き込める人間は、そうはいない。

彼ら(もしくは彼らの友人、知人、親戚など)の中に、この基地の特攻隊員か設営の作業隊員がいなければ、まずこの図や写真のキャプションは不可能と考えられる。略図も、その撮影現場のイラストと言うよりも、終戦直前の基地の様子を描いたという印象を受ける。そもそも現像した写真の裏に書かれていること自体が、この略図が撮影時の生のスケッチでないことを物語っている。カタパルト先端部と回転台の一つに「爆破」「破壊」と書き込まれているものの、「旗竿跡」「貯水槽」「宿舎」「材料入箱」などはそこにいた人間でなければ書けない説明ではないだろうか。「旗竿」は風向きを測る吹き流し用、「貯水槽」はカタパルト先端のコンクリート部分に設けられた消火用か作業員用だろう。さらに撮影現場ではレールの上に一本だけ乗っていたロケットが、略図では回転台から伸びるカタパルトのレールの横に四基整然と並べられている。これは射出テスト前の記憶による図なのかもしれない。

「発射用ポンプ」と説明されたアルバム写真

　また略図の左上に簡素に描かれている「復原図」も気になる絵で、「桜花」の台車から伸びるワイヤー（鋼索）が円形の滑車状のもの二つに巻きついているこの構図はどうも「圧縮空気式の射出装置」に見える。圧縮空気式カタパルトは高圧ボンベで空気ピストンボンベ（シリンダー）のピストンを動かし、移動滑車を高速で後退させて、固定滑車を通したワイヤ

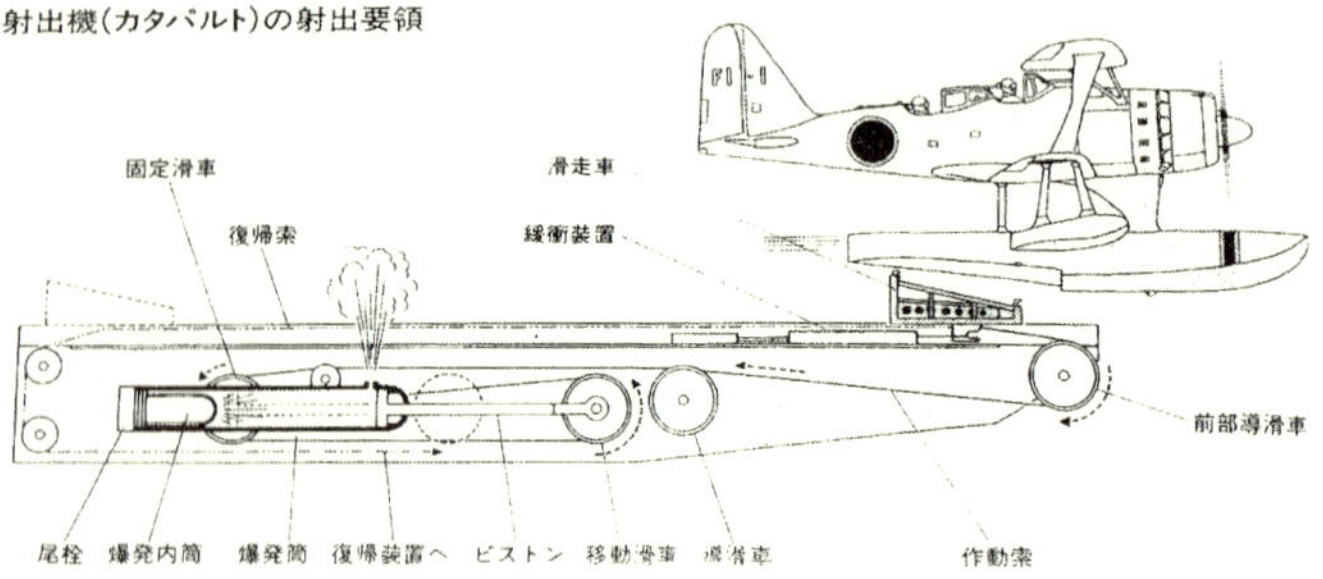

射出機（カタパルト）の構造図

略図にある「復原図」

を引っ張り、機体を載せた台車を前進させる。アルバム写真にも「発射用ポンプ」「原動力ポンプ」「滑車」のタイトルの写真がある。比叡山は「重錘式」射出装置と言われているが、実際には潜水艦などに用いられたこの圧縮空気による射出装置が装備されていた可能性が高い。実は横須賀の武山基地のカタパルト射出試験の模様を六月二七、二八日の二回、練習機に某大尉と搭乗した水上機のベテラン、甲飛五期の服部（奥山）穂氏が「圧縮空気により凄い圧力で射出」と書いている（「南房総・平和をつくる会」提供資料）。

今までこれは「火薬ロケット」の誤りと考えていたが、やはり武山に圧縮空気装置があったのかもしれない。武山では二日間にわたってテストがあり、真偽は定かではないが搭乗者も三木忠直少佐、伊藤祐満大佐、平野晃大尉などの名前が出てくるから、複数回の射出試験だったようで（もちろん二人乗りも想定できる）「火薬ロケット」でのテスト飛行とあわせて圧縮空気式射出が行われたに違いない。比叡山では未完成のこの装置が、「滑車」などを見て誤って「重錘式」と伝聞されたのだろう。

「南房総・平和をつくる会」の下滝田基地についての聞き取りでは、各鎮守府にあった巡洋艦などのカタパルトのレールが「桜花」カタパルトに流用されたことと、呉海軍工廠から作業員派遣の証言が得られている。この巡洋艦などのカタパルトは火薬式の「呉式二号」で、コの字型のレールを使用し、もちろん艦への施工は呉海軍工廠担当であった。一方、圧縮空気式は潜水艦に装備された「呉式一号」カタパルトである。したがって「桜花」のカタパルトはレールは巡洋艦からの流用だが、形式としては潜水艦用のカタパルトが基になったと考えられる（ただし圧縮空気式も火薬式もシリンダーとピストンの構造はほとんど同じである）。地上にカタパルトを作るなら、潜水艦の甲板に作る工法の方が近い。何より「桜花四三乙型」の前に構想された「桜花四三甲型」が潜水艦のカタパルト発進のタイプであったことも影響しただろう。

防衛研究所の資料には「桜花」カタパルトには「特型射出機と同様の抑止装置」があったと書かれているが（愛沢伸雄「戦跡からみる戦時下の館山」安房文化遺産フォーラム報告　一九九九年）、この「特型射出機」は最新鋭潜水艦「伊四〇〇」などの「特S射出機」のことで、やはり潜水艦カタパルトが「桜花」カタパルトのベースであったことを示唆している。ただし最新型「特S射出機」の軌条は一・五メートルに拡大されていたが、比叡山カタパルトの写真も、南房総市下滝田の「桜花」カタパルトの実測図も軌条の幅は一・二メートルで従来型の応用になっている。計画では房総半島のカタパルト工作担当は横須賀海軍工廠だが、横須賀の武山に圧縮空気装置があったのなら六月末まで確実に呉海軍工廠の技師・工員が横須賀にいたはずであり、滝田村に七月に呉海軍工廠の人間がいても不思議ではなかった。

比叡山カタパルトの前部の破壊箇所は、写真からただのレールではなく、その下にコンクリートを掘り込むような形で地下にスペースがあって、爆破された機材が見える。これが圧縮空気式の射出装置の一部ではないだろうか。そもそもこの場所を爆破していること自体、このスペースが普通のレールでなかったことを物語っている。レールとともにこの装置をカタパルトの下に装備するとなると、たしかに比叡山も呉海軍工廠の工員の手が絶対必要になる。そして略図をよく見ると、この破壊された前部だけを「カタパルト」と書き、後部のレールだけの部分は、「カタパルト」の文字を消して、あえて「レール」とだけ書き直していることがわかる。この図を描い

潜水艦「伊400」の甲板上のカタパルト

た人間は、前部が何か特別な「射出装置」という認識を持っていたと考えられる。「復原図」も、戦後爆破された破壊部分の「復原」の図という意味で、破壊される前はそこが未完成ながら圧縮空気式射出装置だったことを示しているとするのが妥当だろう。

もしも比叡山に圧縮空気の装置があったとしても一般にはまず知られていないはずで、なおさらこの基地の設営や計画に関わった人間、特に海軍工廠に近い人物がこの略図・「復原図」を描いたとしか考えられない。「重錘式」は、どうやら高塚篤氏が甲飛十三期の予科練生に取材する中で誤って出てきた言葉のようで、比叡山カタパルトの先端の未使用の圧縮空気式の装置は彼らもまだ知らない秘密の装置であったようだ。

比叡山カタパルトの前方レール下の破壊部分　明らかにレールとまったく異なるメカニズムが爆破されている。

カタパルト施工の専門集団である呉海軍工廠に関係する動員に、京都第三中学の学徒がいた可能性もないわけではない。三中卒業生の師範学校生や専門学校生ならばもう少し可能性が高まるかもしれない。でなければ彼ら中学生の周囲に海軍工廠に関わり、比叡山基地に詳しい人間がいたのであろう。彼らの比叡山登山の目的は、おそらく最初から「基地訪問」、そして写真部としての「基地撮影」だったのではないだろうか。とても偶然、基地跡に至ったとは思えない撮影写真なのである。

本土決戦と滋賀海軍航空隊

予科練の終焉と滋賀海軍航空隊の落日

四五年六月一日、予科錬の教程がすべて廃止となり、予科錬の練習航空隊もすべて本土決戦の全軍特攻の実施部隊になる見込みになった。いよいよ決戦である。しかし予科練の練習生たちは飛行練習の教程に進んでいないため、すぐには中間練習機による特攻にも参加できず、「水中特攻」や陸戦隊に配属されるものが多かった。滋賀海軍航空隊では、練習生はもちろん二度の「水中特攻」志願に採用されず予科練教程を卒業してそのまま滋賀空に残ってしまった十三期までもが行き場を失っていた。この六月以降、本土決戦の作戦準備が急速に進み、滋賀空の練習生もそれに巻き込まれていった。

全国で予科練習生から水中・水上特攻要員五二五〇名、航空特攻要員二〇〇〇名、朝鮮や台湾出身の練習生による次期特攻要員一〇〇名を編成し、基礎教育未了者は二カ月の基礎教育のあと鎮守府、警備府の作戦配備とする計画で、予科練練習航空隊はこの作戦配備完了とともに逐次解散するが、航空特攻訓練のため土浦、三重とともに滋賀空は残されることになった。ほかに水中・水上特攻訓練の倉敷、小富士と新入練習生基礎教育のため宝塚空が残されている。

滋賀空14期の一部が訓練をした特攻艇「震洋」の千葉県波佐間基地跡　館山市教育委員会生涯学習課提供

六月一〇日ごろに福知山の飛行場建設に派遣されていた十四期生も滋賀空に戻ってきて三カ月遅れの予科練卒業式を行っていた。そして六月一八日朝、滋賀空では練兵場に総員整列、副長原田中佐が滋賀空練習生に対する予科練教程廃止にともなう措置を発表した。

舞鶴鎮守府の管轄下にあった滋賀空、第一美保空、小松空の第二三連合航空隊は解散、滋賀空のみが横須賀鎮守府管轄下の第二〇連合航空隊に転出となった。このため練習生たちは舞鶴と横須賀に関連した配属になった。その中には十四期と十五期から横須賀の「伏龍」特攻に回るものも含まれた。すでに四月に水上特攻に志願した滋賀空十四期の編入先が、舞鶴鎮守府の三重と横須賀鎮守府の千葉の爆装モーターボート「震洋」の部隊になったのもこのためだろう。

十六期生の日記には、この六月の原田中佐の指示が次のようにまとめられている

十三期は滋賀空に残留、航空隊特攻隊員として訓練
十四期は操縦分隊は実習部隊へ、偵察分隊は舞鶴沿岸防備隊へ
学生（飛行専修予備学生）は七月まで訓練の後、館山砲術学校その他の部隊へ
十六期は滋賀航空基地の特別陸戦隊に編入、

ここでは十五期がもれているが、三月、四月からそのほとんどが舞鶴・丹後方面の作業任務に派遣されて滋賀空に不在だったために、十五期は原田中佐の指示の対象にならなかったのだろう。十五期は福知山（石原飛行場建設）、峰山航空隊（滑走路延長、地下壕工事）、栗田《くんだ》（第三一海軍航空廠）へ分かれて派遣されており、終戦直前にここに舞鶴防備隊派遣が加わったようだ。十六期の陸戦隊が七月末に舞鶴の沿岸防備の陸戦隊に編入された際に十三期の一部が十五期の教員として舞鶴沿岸防備についたとされ、滋賀空十三期の杉浦文男さんもそのころ十五、十六期とともに「舞鶴軍港に転隊」と書いている。鎮守府、警備府の陸戦の作戦配備だろうが「どか練」と揶揄された土木建設作業を含んでの話である。杉浦さんは舞鶴での訓練の後、福井県飯高町や兵庫県の日和《ひより》

山で魚雷発射基地建設にあたったと書き、十三期といえどもどうやら「教官」待遇ではない状況もあったらしい。また京都丹後の峯山航空隊では終戦時、滋賀空の十五期生が戦備作業要員として五七二名在隊していたことがわかっている。

大津市の川合逸夫さんも滋賀空十五期だが、四月から宮津の栗田にあった航空廠の水上機修理工場に三カ月研修派遣された後、七月に滋賀空に帰り「伏龍」特攻に転属している。同期にはほかに安曇川・高島や京都嵐山・久津川の農作業・開墾に派遣された分隊もあり、滋賀空に居残り、正門の衛兵をやらされた者もあったという。また一部が七月二八日から多賀の簡易飛行場建設（彦根飛行場設営）に派遣されて地元の民家や公民館、寺などに宿泊、滑走路つくりにあたり、終戦時の多賀からの引き揚げが「短艇をロープでつなぎランチで曳航」「強風と波で船酔い続出」と会報で語られている。ほかに敵地突入の空挺特攻要員まであって、十五期は滋賀空の中で最も派遣先が分散され、まさに「コマ」扱いの悲運を受けた。

いずれにしても滋賀空の練習生、生徒、学生すべてが本土決戦に備えた配置であったことは言うまでもない。ちなみに滋賀空の予備学生、予備生徒の館山砲術学校など関東への転出も、陸戦隊の指揮官としての訓練のためであったという。この中には政治家の楢崎弥之助氏や安倍晋太郎氏がいた。ただ千葉の館山に派遣された楢崎氏は、陸戦指揮というより九十九里浜の米軍上陸に備えた対戦車攻撃の水際特攻要員だったと書いている（『今、時を追い、政界を斬る』文芸社二〇〇五年）。滋賀空から九十九里に派遣された予備学生には慶応からの学徒出陣組で、影絵作家として有名な藤城清治氏もおられ、本土決戦部隊だったというが、海岸防備についてからは、部下の少年兵たちと人形劇をしていたというからさすがである（『影絵はひとりぼっち』三水社一九八六年）。

また舞鶴の陸戦隊指揮のために滋賀空から移動した予備学生もいて、この中には詩人の田村隆一氏が含まれていた。田村氏は噴進砲中隊の中隊付士官として舞鶴市栗田の神宮寺に駐屯、ここで終戦を迎えている。

他にも予備生徒には海軍接収の茅ヶ崎のサナトリウム「南湖院」の陸戦隊派遣などもあり、ここも対戦車攻撃訓練もあったが、徴用工の監督業務まで予定されていたようだ（「千葉空襲と戦争を語る会」ＨＰ『一〇〇人の証言』、松原忠晴『わが青春の記　最後の海軍予備生徒』一九九一年）。

十四期の偵察分隊の舞鶴防備隊の方は、この原田中佐の指示の六月一八日の早朝六時三〇分にすでに舞鶴に向け出発していた。十四期の操縦の中からは六月に長野の野辺山の部隊（三重空経由　野辺山秋水特攻部隊とされている）に移動があったと滋賀空の年譜にあるが、この航空特攻要員も六月一三日に極秘裏にすでに三重空に向けて出発していた。またほかに十四期操縦分隊から横須賀鎮守府管轄の「伏龍」部隊のある三浦半島久里浜に「水際特攻」隊員が転出したわけである。「一四奈良会」の石野博氏（滋賀空）は「五月末福知山から帰隊して幾許も経たず」に「伏龍」

要員指名があった（『会報　特攻』第一四号　特攻隊慰霊顕彰会編　一九九二年）と書かれているから、三重空派遣前の出発であったようだ。滋賀空十四期からは五名の派遣であったと石野氏は書いていて、「伏龍」特攻はかなり限られた「選抜」だったようだが、京都久津川の開墾に派遣されていた別の滋賀空十四期の分隊からも、やや遅れて横須賀の「伏龍」特攻に転属・編入されたという人もいる。

滋賀空十四期の操縦の行き先の実習部隊もやはり特攻部隊以外ありえなかったことになる。しかも十五期の川合逸夫さんたち六〇名ほどが、一カ月遅れの「伏龍特攻」要員派遣になり、まさに土壇場で陸戦要員の十五期にまで「伏龍」派遣が要請されたことになる。

さらに十五期の一部には「伏龍」と同じころに陸軍と協同の空挺斬り込み部隊の特攻志願を求められた者もあり（「伏龍」特攻からの編入もあった）、爆撃機「一式陸攻」「銀河」でサイパン島に強行着陸、陸戦隊六〇〇名が缶詰爆弾（吸着爆雷）で滑走路のB29の主翼を破壊するというおよそ成功の見込みがない無茶な作戦計画が立てられていた。「第一〇五特別陸戦隊剣特攻隊」と称され、滋賀空では陸戦と藁人形と青竹斬りの訓練を受け、八月六日には西教寺に宿舎を移して出発を待ったという。ほかの航空隊の特攻隊員とともに三沢基地に集結して八月下旬に出発の予定だった。後述の十三期のグライダー訓練の特攻隊と同じく「伊吹部隊」「伊吹隊」という呼称もあったようで、滋賀空では自隊の特攻隊全体を「伊吹部隊」と称したのかもしれない。

十六期の基地特別陸戦隊は「日吉部隊」と名づけられ、滋賀空付近の警備や陣地構築にあたったが、七月四日に「太湖部隊《たいこ》」と改名、十五期の一部を加えてより実践的な部隊改編が行われた。さらに七月二八日に舞鶴第六特別陸戦隊に編入となり、国民兵役や補充兵中心だった舞鶴の陸戦隊の補強部隊として大津を離れ、舞鶴の青井、有路、由良、神崎、栗田の五カ所に展開した。舞鶴への大量の転隊は、ソ連軍の侵攻に備えたという説の一方で、本土決戦に備えた戦力の疎開・温存だという考え方もある。

滋賀空の十六期が「太湖部隊」に編成された時「近郊の住民に陸戦隊の旨絶対に口外すべからず」「住民に問はれし場合仮に演習なりと誤魔化すべし」という注意事項が言い渡された。その理由は、陸戦のことが知られると住民が流言飛語を飛ばしたり、米軍襲来の恐怖で逃げ出したりするからというものであった。住民が退去した場合、老人や子ども、病人であれば好都合だが、労働可能な壮年青年の場合は「敵侵入の際障害物作製弾丸糧食運搬等をせしむること」が不可能になり、さらに農耕に従事する者がいなくなって軍の食糧を作れなくなるという考えだったのである（『至純の絆』）。

七月四日といえばもうすでに『義勇兵役法』が公布され、軍の作戦に参加する国民義勇戦闘隊が組織される準備は整っている段階だった。にもかかわらず、この注意事項を読むかぎり軍はまったく住民を信用していない。

本土では空襲からの疎開が増え続け、滋賀県でも八日市飛行場周辺や艦載機に頻繁に襲われた彦根でも疎開住民は増加していた。ところが青森市では防衛作戦に支障が出るとして「疎開禁止」を市民に命じ、違反者には「食糧配給を停止する」という布告を出した。このため疎開した市民がやむなく自宅に戻ったところに、大規模な米軍の空襲を受け膨大な犠牲者を出してしまったのである。本土決戦の作戦の矛盾をあらかじめさらけ出したような悲劇だった。

軍が求める「一億総動員」とは軍民が共に協力し合うのではなく、住民が軍の命令に服従してコマのように動くことを意味していた。敵が攻めてきた場合、住民を避難させるのではなく逆に作戦のために利用し、場合によっては住民を犠牲にしても作戦を進めるという姿勢である。それはまた住民が友軍に苦しめられた沖縄戦と共通していた。

本土決戦においてもそれはまったく同じであり、「敵が上陸したら避難民をひき殺してでも攻撃せよ」という参謀の言葉を聞いたという本土防衛の戦車部隊だった司馬遼太郎氏の言葉を借りれば、「参謀肩章をつけた軍部の人間に日本人は占領されていた」のである。

航空特攻伊吹部隊

六月一四日に宝塚分遣隊から滋賀空へ転隊してきた四五六名を加えた十三期の一〇三七名のうち八〇〇名が一八日「航空特攻」の伊吹部隊を編成し、残りが本隊の下級生の教官となった。これにともない、滋賀空では飛行術の教官数も一気に増えた。ただ二十数名が横須賀鎮守府管轄の洲崎空に派遣され化学兵器要員の訓練を受けた。八月に入ってここに下級生と舞鶴に移動した中から同期生が加わり、化兵隊は一〇〇名に増えている。また一部の十三期生は広島の呉海兵団経由で防府通信学校へ派遣された。これは実施部隊の情報幹部員になるための教育であったようだ。

予科練教程終了でかつ飛行練習教程未開始の中では、滋賀空十三期は最も古株の「成績優秀者」であったため、ほぼ全員が本土決戦の航空特攻の対象となった。滋賀空十四期も、操縦の一部は三重空航空特攻要員（野辺山派遣隊）に転出となっている。航空特攻「伊吹部隊」となった滋賀空の十三期生は、近江隊のほか第一、第二、第三の山城隊と第一、第二播磨隊の六隊に編成され、七月一日滋賀空を後にして任地に向かった。近江隊は安曇川河口の陸軍機の飛行場（船木飛行場　現「県立びわ湖こどもの国」付近）、山城隊は京都の木津川河川敷の上狛《かみこま》、玉水、田辺、播磨隊は兵庫県社《やしろ》町の嬉野《うれしの》飛行場でグライダー訓練に入った。

航空機の実機不足からのやむをえないグライダー訓練と思われがちだが、必ずしもそれだけが理由の訓練ではなかったようである。高塚篤氏によれば、滋賀空の十三期からは、はじめは次期中練特攻要員として土浦空に二〇〇名派遣されるはずだったのが、「桜花」特攻基地が比叡山と滋賀空に予定されたため一転して滋賀空残留が決定したという。そして「桜花」特攻部隊の七二五空が滋賀空に来ることが決まり、伊吹部隊はそれぞれの訓練基地に移動した。そしてそれは単なる基地の明け渡しではなかった。

この伊吹部隊編成を「桜花」の「神雷部隊」の訓練と書く十三期生もいるし、高塚篤氏は安曇川基地で「（テストに）合格したものは本隊に帰り、比叡山山頂に作られていたカタパルトから射出され、下の飛行場に着陸する訓練を行うのだと噂が流れた」と書いている（『湖畔に燃えたわが青春』）。つまり伊吹部隊は比叡山の「桜花四三乙型」特攻の基礎訓練のための部隊という理解である。また、ある十六期生は、伊吹部隊第一山城隊隊長として第四部長を離任する柴正文大尉を「十三期生の特攻桜花要員の指揮教官として転任」と記録している（『至純の絆』）。

たしかにグライダーの基礎訓練など中学校でもとっくに行われていたから「何をいまさら」という思いが十三期生には強く、別の積極的な訓練理由がなければならなかった。それがジェット噴射の後、猛烈なスピードで滑空して敵艦に突っ込む「桜花四三乙型」などの特殊機の特攻訓練だったわけで、浅野さんも乗ったあの「桜花」練習機K―１もエンジンがないまったくの滑空機だったが、その前段階の訓練を普通のグライダーでやろうとしたわけである。七二五空の隊員は零戦や零式練戦などの実機でエンジンを絞って滑空訓練をすることができたが、もはやそんな機体はほとんど残っていない段階に来ていた。

六月に横須賀の武山基地で成功したカタパルト射出試験の練習機は、浅野さんたちが乗ったK―１を複座に改造したK―２（K―１改）であった。もちろん滑空するだけの機であったが、後ろに教官が乗る構造だったことがこの練習機の性格を物語っていた。浅野さんたちがK—1に乗る前に滑空訓練を積んだ零式練戦も複座で初歩段階では教官が乗ることができた。しかし実機での訓練がほぼ不可能になったため、軍は危険な練習機の滑空訓練に教官を同乗させ、エンジンのある零戦や零式練戦での訓練をぬきにして（赤トンボにすら乗せず）いきなりのK—2訓練に持っていこうという腹だったと考えられる。

伊吹部隊で「八月には滋賀空に帰り、練戦に乗り、エンジンをしぼり空中滑走をする」と言われた人もいたが、もしそうなら「桜花」練習機K—2を複座にする必要はないはずである。むしろ現存する実機（そしてその燃料）は練習機を含めてすべて本土決戦用に温存し、「赤トンボ」の飛行練習教程なしでも「桜花」特攻の訓練は可能と判断されたのではないだろうか。

カタパルト発進の「桜花43乙型」の練習機K－2

練習機K—1の飛行には零戦などでの滑空訓練が前提で、しかも練習本番には母機が必要になる。つまり爆撃機や戦闘機の機体とその燃料がなければK—1は飛べない。しかしカタパルト射出のK—2には母機は不要であり、燃料もいらない。さらに複座にして教官が乗れば前段階の戦闘機での滑空訓練も不要となる。普通のグライダー訓練で練度を上げ、そのままK—2の訓練に移って実機での特攻に備えるという作戦である。

しかし浅野昭典さんが体験したように「桜花」の機体と同じ形をした練習機Ｋ—１・Ｋ—２は、着陸用の橇がついてはいたが、猛スピードでの突入のための機体設計ゆえに着陸は至難のわざという代物だった。そもそも「桜花」には着陸など想定されていない。だからこそ七二五空の第一次要員の練習機Ｋ—１訓練は一回きりだったわけである。さすがに高度三〇〇〇メートルで切り離されるわけではないからＫ—２のスピードはＫ—１ほど出なかっただろうが、普通のグライダーのような安定性は無理で、危険度はさほど変わらず、それにグライダー訓練のみで実機経験のない予科練生を搭乗させて操縦桿を握らせ、さらに教官を乗せるという、無謀きわまりない作戦であった。

ただ教官の命も危険にさらすという欠点に目をつぶれば、Ｋ—２練習機の数がそろえば一日に何人でもカタパルトから訓練飛行が可能で燃料は必要なく、ましてや圧縮空気式ならば推進用のロケットすら不要になる。ロケットを使わないカタパルト設営は、比叡山が特攻出撃だけでなく「訓練用」基地も兼ねていたためと考えられないだろうか。カタパルト射出テストで分かるとおり固形火薬ロケット「四式一号噴進器二〇型」も比叡山には用意されていたが、おそらく練習機の訓練は「圧縮空気」、本番の特攻出撃は「ロケット」と使い分ける予定だったに違いない。

普通のカタパルトは重さの違う機を飛ばすことはまずない。重い方を想定すると軽い方は加速や加重がつきすぎ、搭乗員には危険になるからである。二トンの「桜花」を射出する圧縮空気式カタパルトを作って、同じように780キログラムのK―2を打ち出せばGがかかりすぎ「鞭打ち」で首を痛め、悪くすれば「殉職」である。ちゃんと射出されたとしても余計な力を使うだけ無駄が多いことにもなる。逆に頻繁な練習機K―2の射出に火薬ロケットを使うのももったいない。ここは距離をとって加速させて重い本体を打ち出す「ロケット式」と、短い距離でコンパクトに軽い練習機を何度も打ち出す圧縮空気式の使い分けがもっとも効率的だったのではないだろうか。

千葉の南房総市下滝田の現存カタパルトの先端は、地主の方が戦後畑に戻そうとしてつるはしでコンクリートを壊したらしいが、特別な装置が配されたようには見えず、全体がフラットなコンクリートという印象を受ける。これに対し比叡山では前部に爆破しなければならない特別なスペースがあったことは間違いない。訓練基地には圧縮空気式の射出機を置き、各地に造成予定の多数の特攻基地は火薬ロケット式のみの簡単でフラットなカタパルト設置という予定だったと考えられる。防衛研究所の資料には「桜花」カタパルトには「特型射出機と同様の抑止装置と、始発点に改造離脱装置を装備せる以外には何物もなく」とあり、短期間に五〇基の急造が可能なシンプルな構造なのだが、武山と比叡山は、この規格(?)からはずれている。

比叡山のカタパルトは全長九〇メートルとも言われるが、圧縮空気式カタパルトは五トンの飛行機を射出する新型の「特S型」でさえ全長二六メートル、ピストンの可動距離も二・五〜三メートル程度しかない。それ以前の普通の「呉式」ならピストンは二メートルほどしか動かないから、射出装置部分だけなら六〜七メートルのスペースに収まり、先端から一〇メートルもあれば十分である。打ち出す機が四トン以下の海軍のカタパルトは全長約一九メートルしかない。ましてや「桜花」練習機K—2の重さは一トンに満たない。圧縮空気式で練習機を飛ばすのなら、台車はかなり前にセットできたはずである。比叡山カタパルトの略図を描いた人間が、図の中であえてレールの前方部だけを「カタパルト」と表現したのはそのためではないだろうか。

滋賀空滑走路が近い比叡山基地の工事が急がれたのも、決戦の特攻出撃もさることながら、K—2練習機の訓練が急務だったからに違いない。武山に次いで早い基地建設はそのためだったのだろう。K—2練習機にはエンジンは不要だから比較的簡単に製作できる。おそらく九月には相当数が用意できたから、たとえ「桜花四三乙型」の実機が未完成であっても伊吹部隊などの少年たちのK—2訓練は十分に可能だった。九州からも遠く、関東からも遠いこの比叡山がわざわざ選ばれたのも、特攻出撃ではなく「桜花」訓練の時間を確保する必要があったからだろう。高塚氏も昭和二十年七月十四日の『桜花四三乙型基地装備に関する件』（官房空機密一一四九号）の引用で五〇基のカタパルトの装備予定を示しているが、実はこの中には比叡山は含まれておらず、「訓練用としては比叡山と武山計二」と注釈を加えている（『予科練　甲十三期生』）。『戦史叢書』

八八巻にも「比叡山『操縦訓練場』が七月末に完成」とあり、やはり訓練用という認識である。ほかに完成したカタパルトがないものの、圧縮空気式の射出装置は訓練のために武山と比叡山だけに準備されたと考えることができる。

七月の滋賀空の十六期生の日記にある「滑空場整備作業」は、零式練戦や九三式中練にK―2練習機を含んだこの「桜花」訓練のための滑走路工事だろう。十五期生の日記にはすでに五月三日の時点で「滋賀空南側に滑空訓練用の滑走路を造っており、そのためのトロッコの路線が三本」と書かれている。不時着用滑走路上の資材の撤去・整理を日記に書く練習生もいて、高塚氏もカタパルト工事開始とともに「滑空場は飛行機が発着できるように整備され、二千米の滑走路ができた」と書いている。滋賀空の分隊士の一人も「カタパルト基地から滋賀空の飛行場に着陸したグライダーは、翼をはずしてトラックで坂本のケーブルカーの駅で、台車だけにしたケーブルカーで山上駅に運び、そこで再びトラックに積み換えて基地に戻すという訓練」について言及している。滋賀空滑走路が初めて常時練習機が発着する滑走路という役割を与えられたわけである。ただしそれは通常訓練でなく本土決戦の特攻訓練用に他ならなかった。

したがって比叡山に配備されるのは「桜花」四三乙型の実機よりも練習機K―2の方が主力だったのかもしれない。浅野さんたち七二五空隊員にも、比叡山でK―2に乗った後、関東のカタパルト基地に進出して出撃という作戦が考えられる。しかしながら他の基地の建設がそうすんなりと進んだとは思えず、工事が大幅に遅れた上に本土決戦の米軍侵攻が本格化すれば、もうこの比叡山基地自体が特攻基地の中心とならざるを得なかっただろう。

ともかく比叡山では燃料不要の実に「お手軽な」特攻訓練になる予定だったわけだが、あくまで練習機が無事に滋賀空の滑走路に着陸できたならという条件つきである。そして後ろに乗る教官も七二五空の特攻隊員の一部が残って担当する予定だったのかもしれない。そこでは訓練にも「特攻」なみの覚悟が必要だった。

実は滋賀空の滑走路は、もともと予科練を終えた飛行練習教程のために計画されたものの、冬の比叡おろしの横風に軽い練習機が耐えられないとしてこの飛練教程設置が見送られた経緯がある（このため滑走路部分は緊急時以外使われず、荒れ放題になっていたようだ）。このたった一年前の練習生の安全への配慮は、迫りくる本土決戦を前にどこかに吹き飛んでしまっていた。大本営に、七八〇キログラムしかないＫ―２の滑空訓練を「米軍侵攻は一一月」と想定しながらまさか「冬季中断」するつもりはなかっただろう。

ただ攻撃あるのみという本土決戦体制の下、悲しいことにそれは人間の命も相当に「お手軽」に考えられた危険で無謀な訓練に違いなく、決戦の特攻より先に、七二五空や伊吹部隊から少なからずその犠牲者、「殉職者」が出たであろうことはまた疑いがない。そこでは少年たちは「消耗品」に過ぎなかったのである。

決死のグライダー訓練

滋賀空伊吹部隊の播磨隊ではグライダーでの滑空訓練は、上官からロケット戦闘機「秋水《しゅうすい》」の訓練であると聞かされたようだ。「秋水」もロケット燃料を使い切ったあと、滑空で帰投するという戦闘機だった。終戦直前に秋田と長野でもこのグライダー訓練が行われたが、「秋水」の訓練というふれこみの基地になっている。伊吹部隊第一山城隊（上狛）の隊員も「ロケットの推力により、わずか三分半で一万メートルに達する上昇性能を利用し、B29と護衛戦闘機を攻撃することだった。ただし航続時間は五分程度と極めて短い。そして確率は低いがもしも愛機に被害がないときは、滑空して帰投し着陸も可能なのである。」と教え込まれている。

ただ「秋水」は現実には特攻しか道はなかったが公式に特攻機とはされていないので、その名前が一種の督励手段に使われた可能性は高い。よく考えれば、「秋水」の滑空訓練は特攻ではなく帰投訓練になってしまう。ただグライダーの訓練に落胆しがちな十三期生などにとって「新兵器」「ロケット」「ジェット」「秋水」「桜花」という言葉には訓練のモチベーションを上げ、心を掻き立てる効果があった。安曇川基地でも教官は「桜花」のほか「秋水」や「橘花」（「桜花四三乙型」

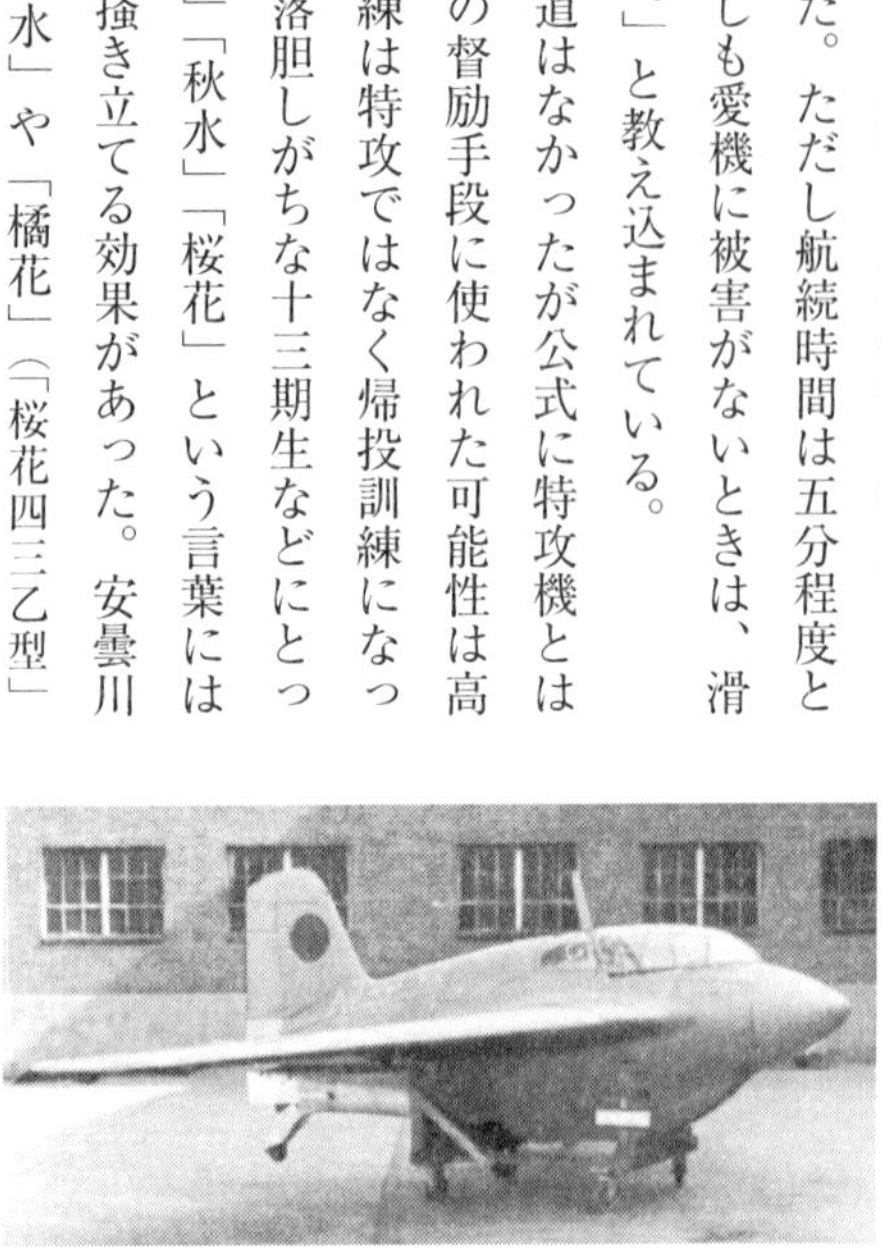

ロケット戦闘機「秋水」

と同じターボジェット搭載戦闘機）の名前も出したという。

前述したように滋賀空の年譜にも六月に十四期生の一部が「三重空経由　野辺山秋水特攻部隊に転隊」という文字がある。予科練教育廃止で、航空特攻訓練部隊として滋賀空、土浦空とともに残された三重空の訓練地がこの野辺山だったわけである。この長野県南佐久の野辺山基地は「秋水」特攻訓練の基地とされ、跡地にはその経緯を記した碑文も建てられている。この地で予科練生（甲飛十四期、乙飛二十期）の激しいグライダー訓練が行われたことは間違いないし、教官や上官が「秋水」での特攻を目的として説明したのも真実であろう。

しかし、正式にロケット戦闘機「秋水」の訓練を行ったのは横須賀の第三一二航空隊（訓練は茨城県百里原基地から霞ヶ浦基地）のみであり、それも特攻訓練ではない。ほかにはわずかに第一千歳基地で第四三期飛行学生の一部が七月一日から「秋水隊要員」として終戦まで九三式中練で滑空訓練を行ったことと、「桜花四三乙型」の七二五空に転出した浅野さんたちの原隊の七二二空が「秋水」の特攻部隊に転じた可能性を高塚氏が示唆している程度である。ただ七二二空が「桜花」隊でなくなることは考えにくく、「桜花」隊の零式練戦の滑空訓練に七月に「秋水」隊が加わったものと考えられる。

野辺山の予科練生の三重空野辺山派遣隊を「秋水隊要員」としてよいかは疑問が残り、『野辺山海軍航空隊』の著者中村勝実氏も「桜花の搭乗に向けられ、それに備えての訓練ではなかったか、とみるのが妥当であろう」と書いている。ほかにもやはり航空特攻訓練部隊として残った予科練土浦空の秋田分遣隊が、秋田県旧上大野村で甲飛十四期予科練生による「秋水」グライダー訓練を実施した（大きな被害が出た六月一〇日の土浦空襲が秋田分遣の要因という）ようだが、これらも基本的に「桜花」特攻を想定した伊吹部隊の訓練と差異はない。ただ土浦空秋田分遣隊だけは、土浦空にいた一〇日あまりの間に「秋水」の実機か練習機を見る機会があった。隣接する霞ヶ浦基地に「秋水」隊の三一二空がいたからである。諫早から土浦に編入された甲飛十四期生羽田敬二氏の日記に「六月二一日、秋水の鋭姿を見る」と記録されている（『予科練日記』土浦空秋田基地の会一九九五年）。それでも二五日には渡辺司令は秋田出発にあたって「本土決戦に散るべく、八月までに滑空技術を習得し飛練に行き、所謂中練に乗るのである」と訓辞していて「秋水」の文字はない。一方、羽田氏はこれを聞いて「悲願の大空散華」「おお我は行かん　秋水、桜花、菊花」と書いているから少なくとも特殊機の特攻訓練という意識はあったようだ。ただこの秋田分遣隊の隊員で芥川賞候補作家でもあった加藤富夫氏は、一九七七年のエッセイで「秋水」ではなく「土浦海軍航空隊の桜花特攻要員として訓練中、合川町の大野岱で終戦を迎えた」としている（秋田県広報協会『あきた』一九〇号　一九七八年）。

秋田の上大野村大野台で訓練に励んだ予科練生たちが、終戦時教官に贈った寄せ書きが滋賀県長浜市の「滋賀夕刊社」に持ち込まれたことがある。その中である訓練生が「大野台の空中滑り台に於いては色々と御世話になりました。どうやらこうやら滑れる様になったと喜んだのもあっと云ふ間……」と書いている。この「空中滑り台」が具体的にどんな訓練なのかは不明だが、中級セコンダリー機の山頂からの台上滑空を意味するのかもしれない。かなりの高度となるこの訓練はカタパルトからの滑空を思わせて興味深い。また野辺山の部隊が八月末にグライダー訓練完了予定だったことと、七月段階で「桜花」カタパルトの二一カ所の基地がやはり八月末に完成予定（後に九月末に八基地と変更）だったことの符合は、両者の関係を物語っていよう。

ただ高塚氏も滋賀の安曇川基地で「秋水に爆装して特攻機にすることになる」という上官の声を聞いているし、「（秋水を）B29編隊の真ん中に突っ込ませて爆発させる」構想もあったといわれている。野辺山では途中で教官から搭乗予定機が「桜花」から「秋水」に変わったと聞いたという訓練生もいる。しかしながらそもそも実機の配備も訓練機の配備もまったくない状態では練習生のグライダー訓練にとって「桜花」も「秋水」もおそらく同じことであっただろう。そして伊吹部隊の一人は、「一度も練習機に乗らず、ゴム索で発射されたグライダーの訓練で、ロケット推進の桜花や秋水が操縦できたのだろうか」。そう戦後になって述懐している。

本土決戦前の生産体制では部品が少なく、製造期間も短いロケット兵器やジェット兵器には大きな期待が寄せられていたし、さらには離陸すると車輪が落ちる簡易特攻機「藤花」や固形ロケットで飛び出す簡素なグライダー特攻機「神龍」の計画まであった。航続距離の短いこの「神龍」

は上陸後の米軍の戦車への攻撃が想定されていたという。秋田大野台の隊を「神龍部隊」だったと言う人もいるが、その名のとおりの戦車への短距離特攻までも考えられていたのかもしれない。

その中で最も準備が進んでいたのが「桜花四三乙型」で、カタパルトは伊豆半島、房総半島、筑波、大井、紀伊半島の田辺などに約五〇基の建設が予定されていた。終戦時にはわずかに比叡山と横須賀武山のカタパルトが使用可能にこぎつけた程度だったが、その時点では九月末までに八基地をまず完成し、ほかは一〇月から一二月までに大半を完成予定であった。

しかし全国でこの「桜花四三乙型」の特攻隊は、比叡山の浅野さんたち七二五空の四〇名余のみで、終戦直前のK—1未経験の追加要員組八〇名がいたものの、本土決戦が始まれば瞬く間に搭乗員が不足してしまう。カタパルトが急増すれば、なおさら「桜花」搭乗員の育成は緊急課題となる。日本海軍の本土決戦での特殊機による特攻作戦は、もう臨戦態勢に入ろうとしていた。したがって滋賀、山城、播磨、野辺山、秋田で展開した伊吹部隊のような予科練の少年たちのグライダー訓練は、「あてのない訓練」でも「時間つぶしの訓練」でもなく、明確に「桜花四三乙型」を

野辺山派遣隊碑

主とする特殊機の航空特攻を意識した本土決戦のための基礎訓練だったことになる。

ただそのグライダー訓練の実態はといえば、滋賀空十四期生もいた野辺山では一二〇〇人近い予科練生が、何と前線基地のような二五人で一張りの幕営のテント生活だった（『野辺山海軍航空隊』）。不衛生で生活環境は悪く、中村勝実氏は「難民宿舎」と書いている。標高一三〇〇メートルの野辺山では秋以降の訓練は寒さのため不可能であり、八月末完了予定の超特急の訓練だからテントで十分ということか。それでも初めは大きな石の除去と雑草の草刈作業だった。

秋田の大野台でも滑空場整備から始まって烹炊所《ほうすいじょ》の屋根葺きまであり、到着から二週間もたってからしか滑空訓練に入れなかった。しかも七月一五日にはグライダーの「『若草』破損すること一九機なり」という状況だった。「未熟さより機の弱きことと地面の不良は大いに関係せり」と当時の羽田氏は日記に書いている。それは決して言い訳ではなく、破損には「教官教員の分も数機」あったからである。小学生八〇人ほどがゴムを引っ張って訓練を手伝い、「紙飛行機のようなグライダーに訓練生が乗って、数メートル上がると落ちるものが多かったように記憶しています。訓練中のケガ人が絶えませんでした」と当時、国民学校四年生だった関喜栄二さんは語っている（『広報あいかわ』三七四号　秋田県合川町総務課　一九八九年）。

伊吹部隊播磨隊は四二日間の訓練中、天候不順、空襲警報などで二五回が中止・中断、しかも二つの隊が交互に訓練という状態。安曇川基地の近江隊は一〇メートル滑空からその上に進み、九〇度旋回より一八〇度旋回、S字旋回と進み、高度をとるためと衝撃訓練のため六〇メートルゴム索二本を併用したが、索が切れたり、杭が折れたりして事故を起こすこともあった。それでも八月からは滑車によるウィンチ曳航《えいこう》の訓練に入り、橙色の「若草」から別のクリーム色の「セコンダリー級」の機になったという。山城隊上狛では毎日毎日一〜二機は破損し、すごいのになると「堤防と堤防との間に張られた電話線の中へ尾端を突っ込み宙返りしたまま着陸」した機さえもあった。(『湖畔に燃えた我が青春』)

労力、資材ともに絶対不足の時期の激しい訓練は危険をともなわざるを得なかった。原因不明だが、野辺山では八月三日に分隊士の鎮目忠信少尉が事故で殉職している。そして秋田大野台では脱走者が一名出ていた。

逃亡　　　羽田敬二

逃げきれるものではないと
Oの決心は怯《ひる》みをみせる
しかし母の危篤は次第に重みを増す

一時帰省の申請を却下されたＯは
僅かな乾パンを背負い
逃亡罪の鉄格子を心底によどませ
苦しみ惑いながら南に逃げる

一縷《いちる》の苦い望みは絶たれ
逮捕されたとの報告は
終戦の前日であった

少年特攻兵Ｏはそのとき十八歳
孤独の眼に夕陽を映し
憔悴《しょうすい》を襤褸《らんる》にまとい
けものみちひぐらしの谷
木曾の山中で発見された

みちのく大野台特攻訓練基地の

露草の匂いこもる霧をはらい
禁を犯した私の隠し日記には
うすい鉛筆に死をなすりつけ
眩暈《めまい》する手帳に書き残された

昭和二十年七月二十日
三班〇飛行兵長逃亡す。夕食後整列。説諭。

（詩誌「河」百一号発表・九四年六月）

羽田氏の日記にはさらに七月五日に「夜、不詳事件ありて半死人あり」と、何やら不穏な動きがあったことも書き留められている。

こんな訓練状況で果たして「桜花」は飛べたのか。いや「菊水作戦」同様どんな状況であっても飛ばざるを得なかっただろう。訓練の「殉職」が多発しても技量未熟でも欠陥機でも発進、攻撃させるのが特攻作戦であった。ただそれで敵上陸部隊に到達できたかどうか。グラマンの迎撃がなくても敵にたどり着けず、友軍の中に突っ込むことさえ十分ありえたのである。それ以前に「桜花」の機体を海軍が十分に準備できたのかどうかすら実は怪しい。しかしこの無謀な「桜花」

の作戦を命じる海軍上層部の精神構造ならば、もし特攻兵器がまったく用意できない本土決戦となったとしても、伊吹部隊の予科練生たちに間違いなく地上戦の斬り込みを命じたであろう。

大津の陸軍少年飛行兵学校では卒業延期の十八期生が、四月から午後の術科授業として滑空訓練を行っていたが、やがて作業に切り替えられ、その理由は警報（空襲）のためと説明されていた。しかし、不思議なことに空襲が激しくなりだす七月一日に空襲警報の間隙を縫って滑空訓練実施と記録されている。なぜわざわざこの段階で滑空訓練を再開したのか。同じ七月一日に滋賀空の伊吹部隊が滑空訓練のために各基地に分かれて出発したことを考え合わせると、海軍にあわせて（対抗して？）陸軍も伊吹部隊と同じ無謀な航空特攻訓練の作戦を始めたのかもしれない。伊吹部隊近江隊の訓練場所の安曇川船木飛行場は、陸軍の飛行場を借り受けたものだったから、当然この日からの海軍の訓練を、滋賀の陸軍は承知していたはずだからである。少なくともロケット戦闘機「秋水」の実験・研究は陸軍でも千葉の柏基地で進められていたことがわかっている。

ただし事故とともに艦載機空襲の危険がますます大きくなっていた時期でもあり、その訓練は「死」と隣りあわせだった。大少飛、滋賀空ともに空襲の被害を出した七月末、伊吹部隊近江隊の安曇川基地、船木飛行場もグラマンの空襲に遭っている。

隊舎に帰着直後突然頭上に敵のグラマンが超低空で飛来し飛行場の格納庫などに猛烈に機

銃掃射が始まり薬キョウが飛散し轟爆音ににえくり返える思いがした。

（近江隊だった姫野勝氏の体験文　『湖畔に燃えた我が青春』所収より）

七月末のある朝のことである……本庄橋を渉ると、「舟木飛行場」の方からものすごい音が聞こえてきた。空を見上げると敵の飛行機である。何か光るものが雨のように落ちてきた。「助けて！　助けて！」と、私は大声で叫びながら桜並木の土手にすべり落ちた。自転車も友だちのNさんも同じようにすべり落ちてきた。怖かった。……後で聞くと、「舟木飛行場」には、グライダー格納庫があり、それをめがけてアメリカのグラマンが機銃掃射した音だと父が教えてくれました。

（藤樹高女二年生だった竹原まささんの体験文『みんなで残そう　伝えあおう！』二〇〇九年滋賀県退職教職員協議会編集・発行所収より）

はたしてアメリカ軍はどこまでこの小さな飛行場のもつ意味を把握していたのだろうか。

現在、子どもたちの歓声が響く県立「びわ湖こどもの国」ではあるが、六七年前は少年たちが本土決戦に備え、「死」に向かって特攻訓練を積んでいた基地だったのである。

毒ガス化兵要員の本土決戦

本土決戦に備え、各地の基地に毒ガスが配備されたとする説がある。公式の記録は残っていないが、各地で戦後になって廃棄された毒ガスが発見されることも少なくなく、その調査と処理が問題になっている地域もある。

この調査の契機となった、旧日本軍の毒ガスが疑われた茨城県神栖《かみす》町の井戸水汚染のように市民に健康被害が出るケースもあり、環境省は二〇〇三年から国内の実態調査を続け、毒ガス情報センターを設けて情報収集にあたっている。湖に遺棄処理された所もあり、琵琶湖でも戦後「特殊X砲弾処理」の疑惑が残っている。

先に述べたように、滋賀空の十三期の中には横須賀鎮守府管轄になったことも関連して、化学兵器要員として千葉の洲崎航空隊へ派遣された一〇〇名がいる。すでに五月段階でこの要員だけがひとつの分隊に編成されていて、最初から航空特攻の伊吹部隊とは別任務になる予定になっていたようだ。この化学兵器とは毒ガス兵器に他ならず、滋賀空から洲崎空へ転隊した十三期生は太字で「軍極秘」と書かれた教科書の本を渡され、イペリット、ルイサイト等の毒ガスの授業を受講した。授業のたびに教科書は厳しく回収されたという。

毒ガス訓練ではゴム製の防毒服を頭から着用して走らされ、古参兵から化兵隊員は夜間戦闘機「銀河」の銃座にガス噴射管を取り付けて、本土決戦時の敵占領地上空で毒ガスを散布する雨下

「桜花」搭載も考えられた爆撃機「銀河」

作戦の特攻要員になると聞いた。終戦後、化兵隊員は身辺が危険であるとして米軍進駐までの間に証拠隠滅作業にかかり、書類の焼却や毒ガスの廃棄を行い、米軍進駐二日前に復員した。

あくまで古参兵から聞いた話で命令や指示の類ではないが、本土決戦での具体的な毒ガス散布作戦を推測させてくれる話である。何らかの方法で敵に毒ガスを散布することは考えられていたに違いなく、しかも「死」を覚悟しての特攻である以上、自分自身が毒ガスを浴びることも想定されただろう。そればかりか敵占領地への毒ガス散布作戦は、おそらく日本人住民、避難民がそこにいたとしても「皇国の戦捷を祈念しあることを信じ」決行されたにちがいない。

一方、十六期生の日記や手記には、大津の滋賀空本隊においても毒ガス訓練が行われたことが記録されている。四月一日に入隊したものの六月に予科練教程が中止されて陸戦隊となり、七月四日に「太湖部隊」に編成替えされた直後、七月六日午後に化学兵器の訓練が行われている。

一区錬兵場で実際に『タダレ瓦斯《ガス》』の実験。岡田少尉に「イペリット」を手の甲に着けてもらひ、それを高度晒粉《さらしこ》で除毒した。又「イペリット」「ルイサイト」をまいて、其の上へ「ハロミン」（除毒剤）をまくと発火すること等をやった。（『至純の絆』）

ほかにも「哨兵対瓦斯心得」「装面戦闘注意事項」「兵器除毒法」などの座学のほか「防毒面作業」という言葉が十六期生の日記に記されている。本土決戦での敵上陸時、陸戦隊にとっても毒ガス戦は想定しなければならない戦闘だったようだ。もちろん敵が使用した毒ガスに対して、いかに対処するかという想定で彼らは訓練を受けたのだろう。アメリカ軍は日本本土上陸作戦での毒ガス作戦を計画している。しかしながら繰り返し述べたように、日本の本土決戦は防御ではなく攻撃の作戦である。敵が本土に上陸、占領した地域に友軍が毒ガスを散布した後、その毒ガス汚染地帯の敵に向かって陸戦隊の少年たちが突撃するという作戦も想定されていたのでは、と思うのは私の考えすぎなのだろうか。

敗戦三十三回忌　ある滋賀空十四期の記録

編集者で翻訳家、作家でもある宮田昇氏は、滋賀空の甲飛十四期生であり、一九七七年にその予科練時代の足跡を訪ね、その後「三十三回忌の旅」と題した文を同人誌に連載された。この文章を二〇一一年六月に『敗戦三十三回忌　予科練の過去を歩く』としてみすず書房から出版されている。そこで氏は大量採用の予科練生を「消耗要員」と書き、特攻志願から落ちこぼれた自らを「予科練失格者」と自虐的にそう呼ぶ。そこには数ある予科練の体験の書とはいささか違う空気が流れている。天理、大津、福知山と滋賀空十四期のたどった道を歩く紀行なのだが、細かな記録と言うわけでもなく、部隊史でも半生記でもなく、「郷愁」も「顕彰」もそこにはない。そこから感じられるのは「静かな怒り」とでもいうものであろうか。特攻隊の「英雄視」に強く反対し、膨大な取材資料から一種の「執念」でもって予科練の本質を掘り起こして綿密に記録しようとした高塚篤氏の労作『予科練　甲十三期』ともタイプが違うのだが、何か共通した空気がある。あくまで冷静な文章であり、国家や軍に対する不信と批判がそこに込められている。

宮田昇著『敗戦三十三回忌』表紙
耕地復旧記念碑の写真に宮田氏の強い思いがうかがえる。

　不良少年から優等生まで大量にかき集めた少年たちに理不尽な命を下した軍隊や国家を許せないという思いの一方で、宮田氏は自分自身を五次にわたる滋賀空十四期の特攻志願（潜航艇・「震洋」・「桜花」・グライダー・陸戦隊の五回とされているが、実際は「桜花」とグライダーは同じ特攻要員でその前に「伏龍」が入る）にも選ばれなかった失格者としながら、福知山の飛行場建設で何も知らずに「どか練」仕事をこなしていた自分自身を責めている。

福知山の石原飛行場建設派遣の滋賀空十四期は、基地建設作業開始後一週間ほどで「特攻志願は一歩前へ」で志願が募られ、「全員志願」となった。これは中村勝実氏の『野辺山海軍航空隊』の記述も同じだが、中村氏がそこで他の練習生の証言から「熱望」「血書志願」を紹介されているのに対し、宮田氏は一人だけ「飛行機に乗りたい」と特攻志願しなかった練習生が報復として特攻に選抜され、他も東京大空襲で係累を失った者や「足をひっぱる練習生」が「消耗要員」として選ばれたと書く。この一次志願が滋賀空に戻ってその反発からか「ひとあばれ」したとも書いている。「全員志願」の裏側を、決して熱烈な志願ではない特攻要員がいた事実をあえて書き残さねばという思いがうかがえる。弱い者や逆らう者への容赦ない仕打ちという軍隊の闇の部分が実は軍隊の本質であり、兵学校と違って学歴にもならない予科練の元練習生には戦後もほかの士官や兵とは異質の、何かしら冷たい視線や蔑視があったことを宮田氏は書いている。そしてそうした空気に抗い、「消耗要員にされてたまるか」という意地が、戦後の元予科練生たちの人生を支えたのだろう。

四五年春の二次以後の滋賀空十四期の特攻はこの「全員志願」を前提にしたただの選抜になり、一方の福知山・綾部での「どか練」の命令も、横穴掘りで発破《はっぱ》の不発確認にもどって爆破に巻き込まれて大怪我をする者が出たり、小さな落盤の頻発などの危険がともない、こちらも「消耗要員」同然の指令になっていたことが語られている。滋賀空十五期の日誌にある四月の十四期の六名の事故死もまた「消耗要員」ゆえの悲劇だったのだろう。事故内容はまったく不明だが、現地であった由良川への軍用トラックの転落事故である可能性を福知山市立成和中学校の梶原秀明先生からご教示いただいた。

心も思想もなくした予科練

無職　加藤　敦美（京都府　85）

祖父と父は戦前、旧満州（中国東北部）への権益拡大の国策でつくられた南満州鉄道（満鉄）の社員だった。私は旧満州国と関東軍と満鉄が中国侵略を進める中で成長した。日本の子どもは天皇の命令一つで死ぬように育てられ、命は自分のものではなく、死ねば靖国神社の神と化すと教えられた。命令されて死ぬより、命令される前に命を捧げる忠義が美しいと感じた私は中学生の時、海軍飛行予科練習生（予科練）に志願した。それは特攻隊への道だった。

郷里の神社であった入隊者を送る神事を覚えている。私たちは既に靖国の神になったかのように扱われ、周りから隔離された。入隊すると、上官に散々なぐられ罵倒され、心も思想もなくし、私は人間ではなくなった。消耗品だった。2等兵は「犬にも劣る」とされた。訓練中に敗戦を迎えた。

最近、映画化もされた「永遠の0」という本を読んだ。消耗品だった私たちを立派とほめていると思った。かつての国家神道の中心施設で、A級戦犯を合祀する靖国を参拝し、英霊に哀悼の誠を捧げると言った安倍晋三首相の論理と同じと感じた。私は予科練時代を呼び覚まされ、ぞっとした。老いた私たちに代わり、また若い人たちが戦場に連れ込まれようとしている。私は必死で願う。行くな、行ってはならぬ、地獄だぞ！

声　心も思想もなくした予科練　加藤敦美さん
（朝日新聞　2014年1月21日付）
「満州」で予科練に入隊した加藤さんのお話では、心をなくして人間でなくなっていったその先に「特攻志願」が待っていたという。しかしながら予科練に志願した、その時点でもう「心が死んでいた」とも自著で語っておられる。国家の土台を持たない「満州」の日本人にとって、人間らしさがゆるされないそのことこそが、拘泥せざるを得ない「日本人」の証であったようだ。これもまたあの戦争の悲劇の一つなのかもしれない。

宮田氏の文には何より自分たちの福知山での飛行場建設がいかに農民に犠牲を強いるものであったか、戦後七年間の苦難を語る『耕地復旧記念碑』を材料に自らの無知を悔やみ、懺悔の言葉がつづられている。福知山の耕地復旧は、前に述べた滋賀県の多賀の飛行場も含めて、おそらく全国各地で展開したであろう農民たちの苦闘の歴史の一つであったにちがいない。本土決戦では農民も「消耗要員」であり「棄民」だったのである。宮田氏の文には「だまし」「だまされた」時代をこの碑文から告発しようという強い意志が感じられる。

そして「あとがき」で説明されている二〇一一年の出版の経緯には、近年の戦争の回顧への違和感と福島第一原発の事故が大きな動機となっていることが語られている。宮田氏の過去の告発は間違いなく未来への警鐘でもあり、その姿勢は今、滋賀の銃後の歴史をたどり続けている私にとっても共感を覚えずにはいられないものとなっている。

幻でなかった本土決戦

本土決戦のための毒ガス配備が日本全国で秘密裏に展開していたことは疑いがない。ひとつ事故が起きればきわめて危険な状況になっただろうし、表に出ない小さな事故があったかもしれない。現に毒ガス製造の島、広島の大久野島《おおくの》では動員労働者からガスの被害者を出し、その後遺症に苦しむ人も少なくない。各地の特攻訓練でも欠陥だらけの兵器ゆえに事故はつきもので、訓練中の「殉職」が相次いだ。航空機の墜落、潜航艇の沈没、水素ガスでの窒息、爆発事故、過労、罹病、そして自殺。

「伏龍」隊の少年たちが、呼吸法を誤って空気清浄缶の苛性ソーダを飲み込み、内臓を焼けただれさせてもだえ苦しむという地獄図は想像するだけで背筋が寒くなる。そして各地の部隊で繰り返された度を越えた罰直は、もはや制裁ではなく憎悪そのものになっていた。滋賀空でも激しい罰直が犠牲者を生んだ。分隊士の暴力で衰弱し、隊を去った十四期生もその後どうなったのであろうか。

学校でも動員現場でも体罰と暴行は日常化していた。それでなくても老人や朝鮮人労働者、中国人労働者がダイナマイトの発破とともに壕を掘るためにつるはしを振るう時、そして女性や少年がもっこで土を運ぶ時、やはり事故の危険はつきまとい、栄養不足の中での過酷な労働が身体を疲労させ痛めつけたことは間違いない。滋賀空十四期の六名の事故死の悲劇もそこにあった。

本土決戦は敵を倒すことが目的であり、そのための味方の犠牲はやむを得ないという思想が

学徒動員の悲劇忘れない
大農高で慰霊碑建立、サクラ植樹
遺族、同級生「感無量の思い」
学徒勤労動員で亡くなった３人を慰霊する石碑（前列左から３人目が妻さん）

学徒動員の悲劇忘れない　大農高で慰霊碑建立、サクラ植樹
（函館新聞　2011年12月３日付）

貫かれていた。そこには日本に住む市民を守る感覚はなかった。銃後の戦争の犠牲は米軍の空襲ばかりではなかったのである。それをただただ「戦争だから仕方がない」として、「受忍」の一言ですましてはなるまい。

一九四五年食糧増産のための琵琶湖の内湖干拓勤労動員後、病死した北海道の農業学徒三名の慰霊植樹が二〇一一年一二月、その母校函館大野農業で行われた。彼らの犠牲も長浜の軍需工場でチフスで病死した木之本高女の女子学徒の犠牲も戦争末期の悲劇の氷山の一角に過ぎない。

現実には本土決戦はなかった。終戦で本土決戦は「幻に終わった」「本土決戦は幻だった」とよく言われる。しかしながら本土決戦のための犠牲は確かにあったのである。特攻訓練の殉職も地下壕の事故死も、病死も栄養失調も、上官の暴行も強制的な土地の接収も、家屋の強制疎開も女性や子ども、老人の強制労働の動員も、生活の破壊もそのすべてが現実であり決して「幻」ではなかった。本土決戦を「幻」とすることは、このあまたの犠牲をなかったことにしてしまう危険性をはらんでいる。その意味で「幻の本土決戦」という言葉は、「国民をだますための」一種の責任逃れの情報操作とも取れるのである。

そしてそれは実は日本人を守らない本土決戦の本質と通じながら、間違いなく戦後の日本国憲法の下で、開き直り続ける国の姿勢に由来しているということに注意しなければならない。「幻の本土決戦」は戦後の造語である。さらにその思想は今も続く国の戦災被害に対するあの「国民が等しく耐え忍ばねばならないやむをえない犠牲」の「受忍論」へとつながっている。

九州大学准教授の直野章子氏はこの「受忍論」の本質を「国家の行為によって引き起こされた被害を耐え忍ぶよう国家が命じる発話」「棄民を生み出す国家の論理」とした。そして「その射程は空襲被害者ら戦争犠牲者だけでなく、米軍基地が集中する沖縄や原発事故の被害者にも及んでいる。」（「棄民を生み出す国家の論理」『世界』二〇一三年九月号）と断じた。「国民を守らぬ本土決戦の思想」は死んではいない。

この非情の論理は決して過去の亡霊などではなく、終戦直前に滑走路建設で土地を奪われた人々、建物強制疎開で家を失った人々と、福島第一原発の事故でふるさとを追われた人々は確かにつながっている。直野氏が言うように、この「棄民を生み出す論理」が私たち国民に矛先を向けてくる可能性は決して低くないのである。

二〇一三年一二月、猛烈な野党、市民の反対運動にもかかわらず特定秘密保護法が成立した。「国防のため」「国民のため」という名目があるものの、戦前の軍機保護が決して国民を信用しないことで成り立っていたことを私たちは忘れてはならないだろう。

むすびにかえて

滋賀県の銃後を追ってまとめた本も、これで三冊目になった。毎回「もうこれで十分」と思っても次々に過去の事実が出てきて、「これも読者に知らせなければ」という思いが強まっての三回の出版となった。まだまだ知らねばならない埋もれた事実は多いに違いない。

さて、筆者の前勤務校である長浜北高校には終戦直後の進駐軍の指示文書の綴りが一部残されているが、その中に新制高校発足時のカリキュラムとクラス構成、クラス担任、教科担任名が書かれた書類がある。これは一九四八年度（昭和二十三年度）当初、普通科のみの長浜北高校と、商業科・農業科の長浜南高校（現長浜北星高校）による新制高校のスタートが、軍政部の「総合制」と「男女共学」の方針に合致しないという指摘によって、急遽編成替えされたために作られた書類である。その際、商業科全部と普通科の半分を南高と北高で入れ替えるという強硬措置がとられ、この新体制は早くもこの年の夏休み明けから実行されることになった。この長浜北高校の書類に見える当時のクラス担任、教科担任の先生方は、当然の事ながらすべて戦争体験者であり、この中には私自身が存じ上げている先生方も何人か含まれている。

例えば、水森二郎先生も下郷平三先生も、私が新任のころはまだ現役で職場におられた。片岡政子先生は、私が最初に書いた『滋賀県学徒勤労動員の記録』で「学徒が工場で働くなどということはあってはならない」と勤労動員に批判的な言葉を残されたと紹介した長浜高女の教員だった方で、私の母の恩師でもある。拙著の執筆当時、残念ながらご病気のためお話をうかがうことができなかった方である。

對月《たいげつ》慧見先生は、ご子息の慈照先生には同じ社会科教員の先輩でもあって大変お世話になっている。熊谷直孝先生は、滋賀県湖北の歴史教育者協議会の研究会で講師をお願いしたこともある「わだつみ会」の会員の先生で、早稲田大学から学徒出陣で陸軍に入隊、マレー半島の南方軍下士官候補者隊からビルマの戦線に放り込まれたが、病気のために前線到着が遅れ、命を拾ったという体験を持っておられる。井上孝生先生は、長浜北高校の歴史部創設の先生とお聞きしている社会科教師の大先輩である。

こうした男性教員の諸先輩には学徒兵の士官だった方々が多く、今回はからずも『湖国と文化』第一二号（滋賀県文化体育振興事業団発行　一九八〇年）の「わが終戦」という特集に下郷平三先生が戦争体験の文を寄稿されていることを知った。

やはり昭和十八年の学徒出陣組であった下郷先生は、舞鶴海兵団入隊の後、第四期兵科予備学生として武山海兵団に移動、館山砲術学校に入校となるが卒業前に潜水艦乗りを志願して大竹潜水学校に入った。しかし一カ月ほどで特攻志願、柳井分校に移動して訓練を受けたという。これが一九四五年（昭和二十年）三月末のことだから、おそらく柳井分校では滋賀海軍航空隊の予科練甲飛十三期、十四期生の少年たちと一緒だったはずである。

下郷先生はここで「海龍」（SS金物）の訓練を受けたが、五月に呉鎮守府付への転任命令が下り、八月には海防艦の砲術士として呉軍港の艦上から原子爆弾のキノコ雲を視認したという。

砲術学校の普通の卒業同期生は大半が戦没しているが、下郷先生は特攻志願したために「海龍」搭乗員として本土決戦要員となり、結果的に兵力温存の形となり命を永らえることができた。「決死」を志願したものが生き残るという皮肉な結果となったのである。

下郷先生は当時、特攻志願に何の疑問もなく、戦争そのものに対する批判精神も持ち合わせていなかったというものの、体験文には「歳月がすべてを〈思い出〉として濾過されがちであるが、飽くまで忘れてならないのは戦争の狂気であり非情さであろう」と書き、やはり出陣学徒であった例の司馬遼太郎氏の体験と「国家というものは血に狂いはじめると敵味方の区別もなくなる危険なものだ」という言葉を引用されている。

血に狂った国家が産み出した特攻兵器、車輪を持たない比叡山の「桜花」はカタパルトから発射されれば、もう突っ込むしかない人間爆弾だった。そして本土決戦は後退を許さない「攻撃あるのみ」の水際決戦が計画されていた。もしも本土決戦になっていれば、すべての国民がいわば「桜花」となって突っ込むのと同じ玉砕戦法となることは決定的だったのである。「国民なき国家など存在しない」ということは誰にでもわかるはずなのに、本土決戦を前に十代の少年たちや学徒兵、そして義勇隊の全国民に「死」を迫った国家は、いったい何を守ろうとしたのだろうか。「一億総特攻」といいながら大本営や政府は長野の松代大本営の地下深く延命を図るつもりだった。実は国民を信用せず、末端組織を活用しながら情報を操作し、「だまし」「だまし合わそう」としていたわけである。

それは過疎地に建設しての原発安全神話の構図に何か似ている。その心もとなさは、交付金に依存せざるを得なかった地域住民の中からでも徐々にではあるが「安全ならば東京に作れ」という国策への反発の声を湧き上がらせてきている。

そして六九年前のあの夏の日も、敗戦の虚無感とともに国民は国家のしもべではない、人々はそう自覚したはずである。二〇一〇年夏のNHKドラマ『十五歳の志願兵』では、息子を特攻で死なせてしまった母親の「私に学問があったら、あの子を死なせずにすんだのでしょうか」という問いかけに、主人公の友人の少年はこう答えている。

「僕たちは学校で〝死ね〟と教わったんです。」「学問がなかったのは、この国です。」

戦争で亡くなった人たちの死の意味を問い続ける人は少なくない。残された者にとって「無意味の死」ほど耐えがたいものはないからである。遺族の方たちならばなおさらその思いは強いだろう。「外道の作戦」といわれた無謀な特攻もまた、その無謀さゆえに逆に何かの意味を求めようとする意識は強いように思う。

ただその中に「成果」「戦果」に意味を求めようとする人たちがいる。「敵の艦船を何隻沈めた」「損害を与えた」とか「アメリカ兵に恐怖心を抱かせた」といった類のことで、特攻の戦略的意義を積極的に認めようとする人々である。膨大な犠牲が日米双方に出たとしても「本土決戦も敗北しただろうが、日本は善戦したはずだ」と平気で語れる人々でもある。そこには極限状況の戦況を前提にしてはいるが、国家が作戦として打ち出す以上、戦術としての「特攻」「決戦」を決して否定しないという戦争肯定の立場がうかがえる。極論すれば戦争もまた国家の外交の一種という考えである。

一定の勢力や一種の軍隊マニアに多いこの傾向は、実は決して特殊なものではない。

岩波ブックレット『いま特攻の死を考える』の著者慶応大学名誉教授の白井厚氏が、ある特攻戦死した士官の妹の女性に敵艦突入の状況を尋ねたところ「兄は敵に着く前に途中の海に落ちたそうです」と言われ、思わず「それは残念なことでした」と答えてしまったことを悔やみつつ述懐しておられる。なぜなら女性はその白井氏の言葉に「いえ、どなたも傷つけませんでしたから、それでよかったと思っております。」と答えられたからである。

敵に突入できず「残念」「無念」という思いは意外に多くの人々が抱く感情であるが、逆に言えば突入、撃沈できれば「満足」「立派」ということであり、特攻の意義を戦果で表現することと何ら変わりがない。「特攻」を知り尽くし、それを批判する白井氏でさえもが落ち込む陥穽なのだ。

静かに「誰も傷つけなかったからよかった」と答えられた女性の言葉に、白井氏は打ちのめされたのである。

あの絶望的戦況の中で、はたして彼らの「戦果」に意味はあったのか。「戦果」の有無にどれだけの本質的な違いがあったのか極めて疑問ではある。そんなことよりも「死」の瞬間「残念」「無念」を覚えた士官や下士官たちも、今なら存外、天国で「誰も殺さずよかった」と考える思慮も分別も学識も彼らは持ちあわせていたようにも思えるのである。

しかしそれでも残された者の感じる「無意味な死」の辛さは、別の意味の模索へとつながるだろう。今現在の平和は彼らの犠牲の上に成り立っているという考えがそこから生まれてくる。これまた一般によく語られる意味づけなのだが、正直なところ私はこれにも承服しがたい。なぜならこれにもまた「成果」という側面がちらつくからである。さらにはそこに「尊い犠牲に感謝せよ」という力が加わってくるのだが、この「死への感謝」も腑に落ちないのである。

たしかに戦没者、戦災被害者の犠牲の上に今の平和はあると言えるのだが、だからといって彼らが「平和のために死ななければならなかった存在」とは言えない。あえて「死なねばならない命」などどこにもないはずだからである。平和のための犠牲、代償という考え方もそうした意味では再考しなければならない。間違いなく彼らは死ななくてもよい命であったはずである。ならば「死んでくれてありがとう」などと私たちが頭を下げることを本当に死者たちは望むのだろうか。彼らが私たちに望むことはもっと別のことではないのか。

彼らには夢も希望もあり、死すべき命ではなかった。それにもかかわらず命を失った、それでも命を失わなければならなかったことの重みと悲しみはあまりにも大きく、そして深い。だからこそそれが平和な社会に生かされなければならないのであり、それは彼らが立派に頑張った結果として導き出される「成果としての平和」とは異質のことのように思う。

特攻による戦死は、それがあまりにも理不尽な作戦の死であったがために、残された多くの人々の怒りと悲しみが敵国に向かわなかったという側面がある。また一方でその死に対する評価も敵の損害とは無関係に賛美・悲嘆される結果ともなった。つまり敵・味方間の加害・被害とは関係なく、国家と兵士との関係において国家の非情さや、兵士の「殉国」の精神美が浮き彫りになる面を持っていたのである。

ただその「殉国」にもほとんど選択の余地を与えられなかった国家の責任というものがあることに敗戦後の国民の誰もが気づいていた。国家の命である以上、どんな理不尽な命令であってもはたして国民に服する義務があるのかという疑問。ほとんど「成果」「戦果」が得られなかっただけに、特攻死はこの矛盾をとりわけ強く浮かび上がらせた。そして「平和のための特攻死」論もこの矛盾の言い訳に過ぎないようにさえ思えてしまうのである。

月並みな言い方だが、彼らの犠牲は戦争の愚かさと平和の尊さを残された私たちに心の底から思い起こさせてくれた。

それは今存在している私たちが平和な世界に寄与することと絶ちがたい関係にある。彼らの犠牲の不条理と理不尽さによって平和の尊さ、ありがたさに気づかされた生き残った人々、生きている人々が戦後の平和な世界の創造に取り組んだのであり、あまたの犠牲の結果・成果として自動的に平和が現れたわけではない。

平和は誰かが作ってくれたわけではなく、平和の主体はあくまで残された我々であり、平和の責任も無論我々にある。その決意を私たちにもたらしてくれたのが、戦争で亡くなった人たちということになろうか。彼らの本心は「二度と戦争をしてくれるな」であり、「残された家族のために」「残された日本人のために」という純粋な思いも、戦いの勝利ではなく、そこにつながっているはずである。

大阪の軍需工場の広場で玉音放送を聞いた竜王町の山口真哉さんは、一人の友人の「うまく立ち直ればスイスのような永世中立の国になれる、東洋のスイスになるんだ」という言葉に胸を打たれたと体験集に書かれた。そして戦争をしない国、どこからも戦争を仕掛けられない国、そんな国になれるのかという問いかけに、「友人は眼鏡の奥に熱い涙をにじませて、なるんだ、努力するんだ、みんなの努力だと叫びました。みんながこの平和な世界への努力をすること、そうだ、努力なしにはできないのだと私も同感しました。」と続けておられる。

膨大な犠牲者の死と心身の傷によって、戦争の狂気と平和の尊さを知り、残された人々は国家と国民の関係において平和を考えることがようやくできるようになった。そして国家と国民のどちらもが平和な社会に大きな責任と使命を持つということを知ったのである。

それから六九年、恐ろしいほどの速さで戦争の風化が進む中、あの夏の日、山口さんの友人が叫んだ「みんなの努力」はどこに行ってしまったのだろうか。その心もとなさは、間違いなく「だまし」「だまされる」時代の再来を疑わせる。それでは戦死者、戦災犠牲者の尊い死が本当に無駄になってしまうことになるだろう。

何やら荒々しい政治家が増え、「抑止力としての軍備増強」はては「核武装」まで主張する戦後生まれの世代は実は少なくはない。戦争体験者が戦争放棄を訴えても「理想論」「平和ボケ」と斬り捨てられる時代になりつつある。しかしその一方で「軍備増強・武装論も、戦争を知らない、それこそ『平和ボケ』だからこその主張だ」「抑止力としてのはてしない軍拡競争の果ては戦争しかない」というまっとうな若い世代の意見もないわけではない。ただ戦後長い時間が経過し、止めることができない体験者の減少の中、犠牲者たちの思いをいかに受け継いでいくのか非常に難しい時代に来ていることは間違いない。

戦争の犠牲が持つ意味は「戦果」でも「成果」でもなく、生きている者がこの国のためにどう生きるのかにかかっている。もう一度「だまされるわけにはいかない」「だまされてたまるか」という思いを、この国の平和に対する大きな責任を、今を生きる人々が自覚しなければならないのではないだろうか。今私たちに求められているのは間違いなく感謝ではなく責任なのだ。

戦争中「国家なくして何の搭乗員ぞ」「国家なくして何の国民ぞ」と滋賀海軍航空隊の予科練の少年たちは日記に書いた。しかし九年前、学徒勤労動員の淡海高等女学校女子学徒だった岡幸江さんは私と長浜北星高校の三人の生徒に向かって「国家ほど恐ろしいものはない」ときっぱりと言われた。

国家のための国民ではなく、国民のための国家を国民自身が作り上げるのだという、六九年前の夏の多くの日本人の決意は「愛国」の持つ意味を大きく転換させたと私は考えている。

「この国をもう一度生まれてきたいと人々が思う国にするために種をまく人でありましょう」

九年前拙著で引用したこの言葉には、不誠実な国家への異議申し立てが確かに含まれている。しかしそれでもなお、これほど愛国心にあふれた言葉を実のところ私はほかに知らない。

何より戦争体験のない私たちはこの言葉を真摯に受け止め、継承してゆかねばならない。私たちはこの国を二度と「学問のない国」にしてはならないのである。

二〇一四年　夏

水谷孝信

参考文献

『あゝ滋賀海軍航空隊』松井俊二編　二〇一〇年
『赤紙と徴兵』吉田敏浩　彩流社　二〇一一年
『あきた』一九〇号　秋田県広報協会　一九七八年
『幾山河』甲南町老人クラブ連合会延寿会編　一九九九年
『一歩の距離』城山三郎　角川文庫　二〇〇一年
『今、時を追い、政界を斬る』楢崎弥之助　文芸社　二〇〇五年
『いま特攻の死を考える』白井厚　岩波ブックレット二〇〇二年
『伊四〇〇と晴嵐　全記録』学研　二〇〇八年
『桜花特攻　人間爆弾と呼ばれて』文藝春秋編　二〇〇五年
『桜花特攻隊―知られざる人間爆弾の悲劇』木俣滋郎　光人社　二〇〇一年
『近江高等学校創立50周年記念誌』近江高等学校　一九八八年
『大阪の学童疎開』赤塚康雄編　クリエイティブ21　一九九六年
『会報　特攻』第一四号　特攻隊慰霊顕彰会編　一九九二年
『学徒特攻その生と死』土居良三編　国書刊行会　二〇〇四年
『学徒兵の精神誌』大貫恵美子　岩波書店　二〇〇六年
『影絵はひとりぼっち』藤城清治　三水社　一九八六年
『唐崎の滋賀海軍航空隊』松野孝一　二〇〇九年
『記憶の湖三～八』滋賀県総務部総務課　一九九八～二〇〇八年
『基地設営戦の全貌』佐用泰司　森茂　共著　鹿島建設技術研究所出版部　一九五二年
『岐阜工事局五十年史』日本国有鉄道岐阜工事局編　一九七〇年
『紀要』一九号　滋賀県文化財保護協会　二〇〇六年
『雲ながるる果てに』白鴎遺族会編　一九五二年
『高校風土記　滋賀県立高島高等学校』毎日新聞社編　一九七八年
『広報あいかわ』三七四号　秋田県合川町総務課　一九八九年
『国鉄の空襲被害記録』鴨原吉之祐　一九七六年
『湖国と文化』第十二号　滋賀県文化体育振興事業団　一九八〇年
『湖畔に燃えたわが青春』滋賀空甲飛十三期会編　一九九〇年
『湖北の今昔』「国郷土出版社　二〇〇三年
『小松小学校一〇〇年のあゆみ』小松小学校一〇〇周年事業実行委員会編　一九七四年
『三十年の歩み』大津市立晴嵐小学校　一九六七年
『滋賀県医師会七十年史』滋賀県医師会　一九五八年
『至純の絆　滋賀空十六期の記録』滋賀空甲飛十六期会　一九九五年
『市民の戦争体験記録集Ⅰ・私の証言』戦争体験を語る会　一九七四年
『終戦の日その日私は』終戦の日記録刊行会編　一九七八年
『昭和の戦争と少年少女の日記』三島佑一　東方出版一九九五年
『昭和40年男』二月号　クレタパブリッシング　二〇一二年
『新八日市飛行場物語』荻須憲一　一九九五年
『一九九二年度戦争体験集』滋賀県立八日市高等学校社会科編　一九九三年
『千石岩』大少飛第十八期愛知県人会編　一九七〇年
『戦史叢書』八八巻　一九七五年
『先生といわれて今』馬淵源太郎　二〇〇〇年
『戦前戦後を生きて』全日本年金者組合滋賀県本部編　一九九六年
『戦争と市民』大津市歴史博物館編　二〇〇九年

『戦争なんて大キライ2』滋賀県健康福祉部健康福祉政策課編　二〇〇三年
『戦中・戦後の思い出』西今福寿会　二〇〇九年
『続西黒田風土記』西黒田公民館郷土史研究会　一九九八年
『高島高等学校80周年記念誌』滋賀県立高島高等学校同窓会80周年記念事業「記念誌部会」編　二〇〇〇年
『地下工場と朝鮮人強制連行』兵庫県朝鮮関係研究会編　明石書店　一九九〇年
『敦賀連隊史』安川定義編　敦賀連隊史蹟保存会　一九六四年
『動員学徒誌 続編』広島県動員学徒等犠牲者の会編　一九七二年
『長浜商工高五十年誌』滋賀県立長浜商工高等学校　一九七四年
『日本国有鉄道百年史年表』日本国有鉄道編　一九七五年
『日本都市戦災地図』柏書房　一九九三年
『人間機雷「伏龍」特攻隊』瀬口晴義　講談社　二〇〇五年
『野辺山海軍航空隊』中村勝実　櫟　一九九五年
『白鳳の里たかみぞ』高溝ロマンの里史編集委員会編　二〇〇三年
『敗戦三三回忌』宮田昇　みすず書房　二〇一一年
『彦根東高百二十年史』彦根東高等学校校史編纂委員会編　一九九六年
『標的の仲間たち』横井順一　香川県滋賀空十三期会　一九九二年
『琵琶湖の青春　滋賀空二期予備生徒隊の記録』田中祐三編　滋賀空二期予備生徒隊誌編集委員会　一九八二年
『舞台は米原駅』米原町・まいはら鉄道フェスティバル実行委員会編　一九九九年
『平和の鐘』竜王町有線放送編　二〇〇〇年
『平和祈念文集』滋賀県健康福祉部社会福祉課編　一九九五年
『本土決戦の虚像と実像』日吉台地下壕保存の会編　高文研　二〇一一年
『馬上村の明治大正昭和　応召復員戦死の記録』栗原基　一九九六年
『貧しさが輝いていた時代』長浜市神照連合自治会編　一九九五年
『みんなで残そう　伝えあおう!』滋賀県退職教職員協議会編　二〇〇九年
『予科練日記』羽田敬二　土浦空秋田基地の会　一九九五年
『予科練　甲十三期生』高塚篤　原書房　一九七二年
『わが郷土　小泉のあゆみ』小泉町史編纂委員会編　二〇〇二年
『わが青春の記　最後の海軍予備生徒』松原忠晴　一九九一年

『石部町史　通史編』「新修石部町史」編さん委員会編　一九八九年
『今津町史　第三巻』今津町史編集委員会編　二〇〇一年
『近江町史』近江町史編さん委員会編　一九八九年
『小柿の歴史』小柿の歴史を語る会編　二〇〇四年
『蒲生町史　第二巻』蒲生町史編纂委員会編　一九九九年
『草津市史　第四巻』草津市史編さん委員会編　一九八八年
『五個荘町史　第二巻』五個荘町史編さん委員会編　一九九四年
『新大津市史　上』奈良本辰也編　一九六二年
『新修大津市史　近代』林屋辰三郎ほか編　一九八二年
『新修彦根市史　近代』彦根市史編集委員会編　二〇〇九年
『高島町史』高島町史編さん室編　一九八三年
『多賀町史　下』多賀町史編さん委員会編　一九九二年
『中主町史』中主町教育委員会編　一九七八年
『長浜市史　四』長浜市史編さん委員会編　二〇〇〇年

『長浜市二十五年史』長浜市編　一九六七年
『彦根市史　下冊』彦根市編　一九六四年
『米原町史』通史編　米原町史編さん委員会編　二〇〇二年
『南船木史』安曇川町南舟木地区編　一九九九年
『守山市史　下巻』守山市史編さん委員会編　一九七四年
『守山市誌　生活・民俗編』守山市誌編さん委員会編　二〇〇六年
『八日市市史　第四巻』八日市市史編さん委員会編　一九八七年
『栗東の歴史　第三巻』栗東町史編纂委員会編　二〇〇二年
「棄民を生み出す国家の論理」直野章子　『世界』二〇一三年九月号
「滋賀県の近現代史のなかの朝鮮人」河かおる・稲継靖之『大学的滋賀ガイド』滋賀県立大編所収　二〇一一年
「一九四五年四月以降の日本への朝鮮人強制連行―朝鮮人『兵士』の果たした役割」塚崎昌之『戦争責任研究』五五所収　二〇〇七年
「戦跡からみる戦時下の館山」愛沢伸雄　安房文化遺産フォーラム報告　一九九九年
米国戦略爆撃調査団文書艦載機戦闘報告書　国立国会図書館

資料・写真提供（敬称略）

中島孝治　滋賀県平和祈念館　朝日新聞社
宮川博司　大津市歴史博物館　滋賀報知新聞社
水野道子　館山市教育委員会　クレタパブリッシング
矢作そわ子　比叡山鉄道株式会社　青島文化教材社
陸上自衛隊大津駐屯地　函館新聞社

故羽田敬二氏の詩の引用をお許しいただいた羽田英子様に心より感謝いたします。

■著者略歴

水谷　孝信（みずたに・たかのぶ）

1955年　滋賀県長浜市生まれ
1980年より滋賀県高等学校社会科教諭
現在　滋賀県立長浜北星高等学校勤務、歴史教育者協議会会員

著書

『反省！部落問題学習』部落問題研究所　（共著）
『近江路散歩24コース』山川出版社（共著）
『滋賀県学徒勤労動員の記録』ウインかもがわ
『別冊淡海文庫17 湖国に模擬原爆が落ちた日 —滋賀の空襲を追って—』サンライズ出版
『滋賀の歴史散歩』山川出版社（共著）など

本土決戦と滋賀
空襲・予科練・比叡山「桜花《おうか》」基地　別冊淡海《おうみ》文庫22

2014年8月20日　第1刷発行　N.D.C.216

著　者　水谷　孝信

発行者　岩根　順子

発行所　サンライズ出版株式会社
〒522-0004 滋賀県彦根市鳥居本町655-1
電話 0749-22-0627
印刷・製本　サンライズ出版

ISBN978-4-88325-178-0　Printed in Japan　定価はカバーに表示しています。

淡海文庫について

「近江」とは大和の都に近い大きな淡水の海という意味の「近（ちかつ）淡海」から転化したもので、その名称は「古事記」にみられます。今、私たちの住むこの土地の文化を語るとき、「近江」でなく、「淡海」の文化を考えようとする機運があります。

これは、まさに滋賀の熱きメッセージを自分の言葉で語りかけようとするものであると思います。

豊かな自然の中での生活、先人たちが築いてきた質の高い伝統や文化を、今の時代に生きるわたしたちの言葉で語り、新しい価値を生み出し、次の世代へ引き継いでいくことを目指し、感動を形に、そして、さらに新たな感動を創りだしていくことを目的として「淡海文庫」の刊行を企画しました。

自然の恵みに感謝し、築き上げられてきた歴史や伝統文化をみつめつつ、今日の湖国を考え、新しい明日の文化を創るための展開が生まれることを願って一冊一冊を丹念に編んでいきたいと思います。

一九九四年四月一日